Kauderwelsch
Band 118

© SW

Nica zu Pferd

Impressum

Veronika Schmidt
Spanisch für Nicaragua - Wort für Wort
erschienen im
REISE KNOW-HOW Verlag Peter Rump GmbH
Osnabrücker Str. 79, D-33649 Bielefeld
info@reise-know-how.de

2., neu bearbeitete Auflage 2012

Bearbeitung Lisa Fehrenbach
Layout Kerstin Belz
Layout-Konzept Günter Pawlak, FaktorZwo! Bielefeld
Umschlag Peter Rump
Fotos Sophie Wannemacher (SW); Davinci@dreamstime.com (S. 8)
Druck und Bindung Werbedruck GmbH Horst Schreckhase, Spangenberg

ISBN 978-3-89416-320-4
Printed in Germany

Dieses Buch ist erhältlich in jeder Buchhandlung Deutschlands, Österreichs, der Schweiz und der Benelux-Staaten. Bitte informieren Sie Ihren Buchhändler über folgende Bezugsadressen:
Deutschland Prolit GmbH, Postfach 9, 35461 Fernwald (Annerod) sowie alle Barsortimente
Schweiz AVA-buch 2000, Postfach 27, CH-8910 Affoltern
Österreich Mohr Morawa Buchvertrieb GmbH, Sulzengasse 2, A-1230 Wien
Belgien & Niederlande Willems Adventure, www.willemsadventure.nl
direkt Wer im Buchhandel kein Glück hat, bekommt unsere Bücher zuzüglich Porto- und Verpackungskosten auch direkt über unseren Internet-Shop: ***www.reise-know-how.de.***

Kauderwelsch

Veronika Schmidt

Spanisch für Nicaragua

Wort für Wort

Kauderwelsch-Sprechführer sind anders!

Warum? Weil sie Sie in die Lage versetzen, wirklich zu sprechen und die Leute zu verstehen.

Wie wird das gemacht? Abgesehen von dem, was jedes Sprachbuch bietet, nämlich Vokabeln, Beispielsätze etc., zeichnen sich die Bände der Kauderwelsch-Reihe durch folgende Besonderheiten aus:

Die **Grammatik** wird in einfacher Sprache so weit erklärt, dass es möglich wird, ohne viel Paukerei mit dem Sprechen zu beginnen, wenn auch nicht gerade druckreif.

Alle Beispielsätze werden doppelt ins Deutsche übertragen: zum einen **Wort-für-Wort**, zum anderen in „ordentliches" Hochdeutsch. So wird das fremde Sprachsystem sehr gut durchschaubar. Denn in einer fremden Sprache unterscheiden sich z. B. Satzbau und Ausdrucksweise recht stark vom Deutschen. Ohne diese Übersetzungsart ist es so gut wie unmöglich, schnell einzelne Wörter in einem Satz auszutauschen.

Die **Autorinnen** und **Autoren** der Reihe sind Globetrotter, die die Sprache im Land selbst gelernt haben. Sie wissen daher genau, wie und was die Leute auf der Straße sprechen. Deren Ausdrucksweise ist nämlich häufig viel einfacher und direkter als z. B. die Sprache der Literatur oder des Fernsehens.

Besonders wichtig sind im Reiseland **Körpersprache, Gesten, Zeichen** und **Verhaltensregeln**, ohne die auch Sprachkundige kaum mit Menschen in guten Kontakt kommen. In allen Bänden der Kauderwelsch-Reihe wird darum besonders auf diese Art der nonverbalen Kommunikation eingegangen.

Kauderwelsch-Sprechführer sind keine Lehrbücher, aber viel mehr als Sprachführer! Wenn Sie ein wenig Zeit investieren und einige Vokabeln lernen, werden Sie mit ihrer Hilfe in kürzester Zeit schon Informationen bekommen und Erfahrungen machen, die „sprachlosen" Reisenden verborgen bleiben.

Inhalt

Inhalt

Konversation

Anhang

Kathedrale und Hauptplatz von Granada

Vorwort

Ausgedehnte Urwälder, große Binnenseen, qualmende Krater, Vulkanlagunen mit glasklarem Wasser, einsame Strände und eine – zumindest zur Regenzeit – üppige tropische Vegetation machen Nicaragua zu einem verlockenden Ziel für Reisende. Nicht allerdings für Reisende, die den Massentourismus lieben. Bis auf das Vorzeige-Projekt Montelimar am Pazifik, einen luxuriösen Hotelkomplex, wo sich hunderte von sonnenhungrigen Ausländern in künstlich angelegten Pools oder im kristallklaren Meerwasser tummeln, hat Nicaragua keine Ferienanlagen internationalen Standards zu bieten.

Der Reiz der Landschaft liegt in ihrer Ursprünglichkeit und in der Abwesenheit von Menschenmassen. Man kann hier die von Technik unberührte Natur genießen: bei stundenlangen Spaziergängen am Strand, bei Bootsfahrten auf den gewundenen Urwaldflüssen, bei Wanderungen durch die ausgefallene Vegetation erloschener Krater, beim Schwimmen im körperwarmen Wasser der Vulkanseen. Nicaraguas touristische Reize im Einzelnen zu schildern, würde den Rahmen dieses Bändchens sprengen. Wir wollen Ihnen vielmehr mit diesem Buch einen Weg zu Verständigung mit den freund-

lichen Einwohnern des kleinen Landes bahnen.
Gewiss können Sie sich auch mit ein paar Brocken Englisch durchschlagen. Aber die meisten Nicaraguaner sprechen diese Sprache nicht oder vermeiden es in Erinnerung an die unheilvollen Interventionen des großen Bruders aus dem Norden. Wenn Sie jedoch ein paar spanische Höflichkeitsfloskeln und ein paar Dankesworte beherrschen, werden sich Ihnen die Herzen schnell öffnen.
Dieser Kauderwelsch-Band richtet sich deswegen an Spanischanfänger und Fortgeschrittene, die sich mit den Besonderheiten der nicaraguanischen Sprache und des nicaraguanischen Verhaltens vertraut machen möchten. Der Konversationsteil enthält Verhaltenstipps, situationsspezifische Sätze und Redewendungen, die Sie schnell in die Lage versetzten, sich mit Ihren Gesprächspartnern zu verständigen.
Sprechen, radebrechen, kauderwelschen oder stammeln Sie, wann immer sich ein Gesprächspartner bietet. Die Nicaraguaner werden Ihre Bemühungen zu schätzen wissen.
In diesem Sinne wünsche ich ihnen eine gute Reise!

Veronika Schmidt

Hinweise zur Benutzung

Der Kauderwelsch-Band „Spanisch für Nicaragua“ ist in drei wichtige Abschnitte gegliedert:

Grammatik

Die Grammatik beschränkt sich auf das Wesentliche und ist so einfach gehalten wie möglich. Sie will zunächst mit den wesentlichen Regeln des in Nicaragua gesprochenen Spanisch vertraut machen. Viele grammatikalische Erscheinungen, zumal Ausnahmen und sprachliche Feinheiten, müssen bei dieser knappen Darstellung naturgemäß unberücksichtigt bleiben. Aber auch so bietet dieser Abschnitt genügend Stoff, der sicher nicht bei einem einmaligen Durchgang zu bewältigen, sondern wohl eher Schritt für Schritt unter ständiger Bezugnahme auf den Konversationsteil zu erarbeiten ist. Wer sich intensiver mit der Grammatik des Spanischen beschäftigen will, kann auf die in großer Zahl vorhandenen Lehrbücher zum Spanischen allgemein zurückgreifen.

Konversation

Im Konversationsteil finden Sie Sätze aus dem Alltagsgespräch, die Ihnen einen ersten Eindruck davon vermitteln sollen, wie die spanische Sprache funktioniert, und die Sie auf das vorbereiten sollen, was Sie später in Nicaragua hören werden.

Wort-für-Wort-Übersetzung

Jede Sprache hat ein typisches Satzbaumuster. Um die sich vom Deutschen unterscheidende Wortfolge der spanischen Sätze besser durchschauen zu können, ist die Wort-für-Wort-Übersetzung in kursiver Schrift hinzugefügt. Jedem spanischen Wort entspricht ein Wort in der Wort-für-Wort-Übersetzung. Wird ein spanisches Wort im Deutschen durch zwei Wörter wiedergegeben, werden diese zwei Wörter in der Wort-für-Wort-Übersetzung mit einem Bindestrich verbunden.

¿Hay un hotel aquí?
(es-)hat ein Hotel hier
Gibt es hier ein Hotel?

Werden in einem Satz mehrere Wörter genannt, die man untereinander austauschen kann, steht ein Schrägstrich zwischen diesen:

Soy alemán / **suizo** / **austríaco.**
(ich-)bin Deutscher / Schweizer / Österreicher
Ich bin Deutscher / Schweizer / Österreicher.

In Sätzen mit dem Tätigkeitswort „sein" macht es einen Unterschied, ob eine Frau oder ein Mann den betreffenden Satz spricht, ob eine Frau oder ein Mann angesprochen wird, oder ob man über eine Frau oder einen Mann spricht. Im spanischen Satz und in der Wort-für-Wort-Übersetzung werden beide Formen wie folgt angegeben:

Estoy cansado / **cansada.**
(ich-)bin müde (*m*/*w*)
Ich bin müde.

Seitenzahlen

Um Ihnen den Umgang mit den Zahlen zu erleichtern, wird auf jeder Seite die Seitenzahl auch in Spanisch angegeben!

Hier spricht ein Mann die Variante vor dem Schrägstrich, eine Frau jedoch die Form nach dem Schrägstrich!

Mit Hilfe der Wort-für-Wort-Übersetzung können Sie bald eigene Sätze bilden. Sie können die Beispielsätze als Fundus von Satzschablonen und -mustern benutzen, die Sie selbst Ihren Bedürfnissen anpassen. Um Ihnen das zu erleichtern, ist ein erheblicher Teil der Beispielsätze nach allgemeinen Kriterien geordnet („Bitten, Danken, Wünschen“, „Begrüßen & Verabschieden“ usw.). Mit etwas Kreativität und Mut können Sie sich neue Sätze zusammenbauen, auch wenn das Ergebnis nicht immer grammatikalisch perfekt ausfällt.

Wörterlisten

Die Wörterlisten am Ende des Buches helfen Ihnen dabei. Sie enthalten einen Grundwortschatz von je ca. 1000 Wörtern Deutsch–Spanisch und Spanisch–Deutsch, mit denen man schon einen Großteil der Gesprächssituationen meistern kann.

Umschlagklappe

Die Umschlagklappe hilft, die wichtigsten Sätze und Formulierungen stets parat zu haben. Hier finden sich außerdem die wichtigsten Angaben zur Aussprache und die Abkürzungen, die in der Wort-für-Wort-Übersetzung und in den Wörterlisten verwendet werden; weiterhin eine kleine Liste der wichtigsten Fragewörter, Richtungs- und Zeitangaben. – Wer ist nicht schon einmal aufgrund missverstandener Gesten im fremden Land auf die falsche Fährte gelockt worden? Aufgeklappt ist der Umschlag eine wesentliche Erleichterung, da nun die gewünschte Satzkonstruktion mit den entsprechenden Vokabeln aus den einzelnen Kapiteln kombiniert werden kann.

Wenn alles nicht weiterhilft, dann ist das Kapitel „Nichts verstanden? - Weiterlernen!" der richtige Tipp. Es befindet sich ebenfalls im Umschlag, stets bereit, mit der richtigen Formulierung für z. B. „Ich verstehe leider nicht" oder „Können Sie das bitte wiederholen?" auszuhelfen.

Das Spanisch Nicaraguas

Bis zum Ende des 19. Jahrhunderts kämpften in Nicaragua zwei Kolonialmächte um die Vorherrschaft: die Spanier im Westen (in der Pazifikregion), und die Engländer im östlichen Teil (am Atlantik). Mit Erfolg zwangen beide Mächte der einheimischen Bevölkerung die jeweilige Kultur und Sprache auf. So wurde noch bis vor wenigen Jahrzehnten an der nicaraguanischen Atlantikküste ausschließlich kreolisches Englisch gesprochen, während man sich im gegenüberliegenden Pazifikgebiet auf Spanisch unterhielt.

Inzwischen ist Spanisch die offizielle Sprache ganz Nicaraguas. Nur den Mískitos und dem kleinen Volk der Sumu in den schwer zugänglichen Urwaldgebieten ist es gelungen, zusätzlich die eigene Sprache beizubehalten.

Zwar haben auch hier spanische Vokabeln Eingang gefunden, doch diese beiden indigenen Sprachen sind noch weitgehend unverfälscht.

Mískito zeigt allerdings Einflüsse des Kreol-Englischen.

Bevor die Spanier kamen, war Nahuatl, die Sprache der Azteken, Handelssprache im nicaraguanischen Pazifikraum. Noch heute stammen gerade Bezeichnungen für Fauna und Flora, Kleidung und Speisen sowie geographische Begriffe aus dem Nahuatl.

Sehr stark macht sich inzwischen der Einfluss des nordamerikanischen Englisch bemerkbar. Er begann mit der ersten Einmischung der USA in den Verlauf der nicaraguanischen Geschichte in den 1850er Jahren und ist inzwischen massiv. Nicas, die in Miami gelebt haben, trugen und tragen dazu bei, die Sprache weiter zu anglisieren.

So ist es nicht verwunderlich, dass sich das nicaraguanische Spanisch erheblich vom Hochspanischen der Halbinsel unterscheidet.

gebräuchliche Begriffe aus dem Nahuatl

achiote (*m*)	Orleansstrauch (Lieferant der Lebensmittelfarbe Annatto)
aguacate (*m*)	Avocado
atol	Getänk / Speise aus Maismehl
Batahola	*Ort des entkörnetes Maises* Stadtviertel in Managua
cacao	Kakao
caite	Ledersandale der Bauern
Cocibolca	Zweitname des Nicaraguasees

Das in Nicaragua gesprochene Nahuatl unterscheidet sich von dem Nahuatl, das in Mexiko gesprochen wird. Erst wenige Wisenschaftler haben sich mit der Erforschung dieser Sprachvariante beschäftigt.

coyote	Kojote; Straßen-Geldwechsler
cusucu	Gürteltier
guanacaste	*Ohrenbaum* Enterolobium cyclocarpum
Jalteva	*Ort der Sandsteine* altes Stadtviertel in Granada
jícaro	*Behälter mit Nabel* Kalebassenbaum
Jiloá (Xiloá)	*See der Maisgöttin* Kraterlagune bei Managua
macuelizo	*fünfgliedrig* Schattenbaum an Kakaoplantagen
Managua	*nahe beim Wasser* die Hauptstadt
Momotombo	*großer kochender Gipfel* Vulkan am Managua-See
Nejapa	*Fluss aus Asche* Lagune westlich von Managua
Ometepe	*zwei Berge* größte Insel im Nicaragua-See
Sébaco	*Schlangenfrau* Stadt im Norden
Solentiname	*Ort der Gäste* Archipel im Südosten des Nicaragua-Sees
Telica	*schwärzlicher Ort* Vulkan, Fluss und Ort bei León
Tiscapa	*im Wasser des Opfersteins* Kratersee in Managua
Xolotlán	*Ort der hundeköpfigen Gottheit* Zweitname des Managuasees

Nicaraguanismen

In einem Land, wo man sich traditionell viel mehr mündlich als schriftlich verständigt, verändert sich die Sprache schnell. Jeder redet, wie er will und kann. Unermüdlich schöpft der Volksmund neue Wörter und Redensarten, verkürzt oder vereinfacht, was kompliziert ist.

Eine nicaraguanische Grammatik wurde noch nicht geschrieben. Kein „Duden" hält die Besonderheiten der nicaraguanischen Sprache fest, keine Institution überwacht die Einhaltung von Regeln. Die Nicas, wie sie sich der Kürze halber gerne selber nennen, passen ihre Ausdrucksweise dem Wandel der Zeiten an. Ein anderes Klima, eine andere Flora und Fauna und gänzlich andere Lebensbedingungen schufen zudem einen spezifischen Wortschatz, der in Spanien nicht geläufig ist.

So kommt es, dass zwar die Einheimischen das Spanisch Spaniens gut verstehen, aber Spanier anfangs Mühe haben, die Nicas zu verstehen.

vom Spanischen Spaniens abweichende Ausdrücke

Nicaragua	Spanien	Deutsch
alistarse	**vestirse**	sich anziehen
turco	**árabe** (*m*)	Araber
guindar	**colgar**	aufhängen
pepenar	**recoger**	aufsammeln
mofle (*m*)	**escape** (*m*)	Auspuff

Nicaraguanismen

capear	**dar paso**	ausweichen(Auto)
arborizar	**plantar árboles**	Bäume pflanzen
ocupar	**usar**	benutzen
dundo	**tonto**	dumm
balde (*m*)	**cubo**	Eimer
clóset (*m*)	**armario empotrado**	Einbauschrank
petipuá	**guisante** (*m*)	Erbse
cuate (*m*)	**amigo**	Freund
bujía	**bombilla**	Glühbirne
hule (*m*)	**goma**	Gummi
despale (*m*)	**tala**	Holzschlag
afanadora	**asistenta**	Hausgehilfin
avispa	**hibisco**	Hibiskus
chavalo	**niño**	Junge, Kind
china	**niñera**	Kindermädchen
colocho	**rizo**	Locke
chapear	**cortar**	schneiden, mähen
chiltoma	**pimiento**	Paprika
gas (*m*)	**kerosina**	Petroleum
chiflar	**silbar**	pfeifen
ojo de agua	**fuente** (*w*)	Quelle
aire (*m*)	**reuma** (*m*)	Rheuma
guaro	**aguardiente** (*m*)	Schnaps
mecate (*m*)	**cuerda**	Schnur
chancho	**cerdo**	Schwein
motel	**hotel de paso**	Stundenhotel
sereno	**rocío**	Tau
chompipe (*m*)	**pavo**	Truthahn
celador	**vigilante** (*m*)	Wachmann
hallarse	**estar a gusto**	sich wohlfühlen
dilatarse	**retrasarse**	sich verspäten
arrecho	**enfadado**	zornig

wo man herkommt

bluefileño	jmd. aus Bluefields
chinandegano	jmd. aus Chinandega
costeño	von der Atlantikküste
granadino	jmd. aus Granada
leonés	jmd. aus León
managua	jmd. aus Managua
masaya	jmd. aus Masaya
matagalpino	jmd. aus Matagalpa
nicaragüense	Nicaraguaner

typische nicaraguanische Begriffe

Begriff	Bedeutung
beneficio	Kaffeeverarbeitungsbetrieb
bagazo	Zuckerrohrrückstände
chagüite (*m*)	Bananenpflanzung
chicha	Getränk aus vergorenem Maismehl, evtl. mit Früchten
chele (*m*)	europäischer Ausländer
corte (*m*)	Stromsperre
gringo	Nordamerikaner
Gringolandia	USA
guacal	Schale aus der Frucht des Kalebassenbaumes
guayabera	kurzärmliges Männerhemd
güipil	ärmellose Bluse der Frauen
machete (*m*)	Machete
metate (*m*)	Mahlstein
milpa	Maisfeld
pinol	Getränk aus geröstetem Maismehl und Zucker

papalote (*m*)	alle Nachtinsekten, die zum Licht fliegen
rancho	Haus mit Palmstrohdach
tamal	Maisteigzubereitung, in Bananenblätter gewickelt
trapiche (*m*)	Zuckerpresse
tiste (*m*)	Getränk ähnlich dem **pinol**
vendepatria	Verräter an der Heimat
yagual	rundes Polster zum Tragen von Lasten

Wortspiele

cascabel	*Klapperschlange* wütend
araña peluda	*behaarte Spinne* ernstes Problem
carepalo	*blasses Gesicht* ausdrucksloses Gesicht
carepuño	*Faustgesicht* zorniges Gesicht
colgar los caites	*die Sandalen aufhängen* sterben
cheque sinfónico	(= **cheque sin fondo**) *sinfonischer Scheck* ungedeckter Scheck
huevos de amor	*Liebeseier* befruchtete Hühnereier
ojos de chivo ahorcado	*Augen einer erhängten Ziege* vorstehende Augen
cara triste, culo algre	*Gesicht traurig Arsch fröhlich* es erübrigt sich
bailar la cucamona	*Betrug tanzen* Fleiß vortäuschen

Aussprache & Betonung

Die Selbstlaute (a, e, i, o, u) werden wie im Deutschen ausgesprochen, wobei e und o offene Laute sind. Zwischen langen und kurzen Selbstlauten wird nicht unterschieden. Aufeinander folgende Selbstlaute werden getrennt gesprochen. Die beliebtesten „Fallen" sind:

Selbstlaute (Vokale)

ie	**i** und **e** werden getrennt gesprochen, nicht wie langes „i", sondern wie in „Orient"	quiero *(ich will)*
ei	**e** und **i** werden getrennt gesprochen, nicht wie in „Leiter", sondern wie in „beinhalten" (jedoch ohne Stimmverschluss zwischen **e** und **i**!)	aceite *(Öl)*
eu	**e** und **u** werden getrennt gesprochen, nicht wie in „Heu", sondern wie in „beunruhigt" (jedoch ohne Stimmverschluss zwischen **e** und **u**!)	Europa *(Europa)*

Mitlaute (Konsonanten)

Die größte Hürde für Deutschsprachige ist sicherlich das „gerollte" Zungenspitzen-r, das es zudem auch noch in zwei Versionen gibt. Doch keine Angst: Auch mit deutschem „r" wird man verstanden – und übrigens so auch nicht als gringo (US-Amerikaner) eingestuft. Dagegen bedeutet der in ganz Lateinamerika übliche seseo sicherlich eine Erleichterung für den Lernenden: c (vor e und i) sowie z werden wie das deutsche „ß" ausgesprochen, und nicht wie das englische „th", wie es in Spanien üblich ist.

Bei folgenden Lauten weicht die Aussprache vom Deutschen ab:

Besondere Schwierigkeiten bereitet die Aussprache des Spanischen nicht. Den einzelnen Buchstaben(verbindungen) entsprechen in den meisten Fällen die gleichen Laute wie im Deutschen. Als zusätzlichen Buchstaben im spanischen Alphabet muss man lediglich das ñ *lernen.*

b, v	Laut zwischen deutschem „b" und „w", am Wortanfang fast wie „b": **boca** (Mund), **vaca** (Kuh)
c	vor **e** und **i** wie „ß / ss" in „Fuß": **cerveza** (Bier); vor **a**, **o**, **u** und Mitlauten wie „k": **casa** (Haus)
cc	wie „kß": **accidente** (Unfall)
ch	wie „tsch" in „Matsch": **mucho** (viel)
g	vor **e**, **i** wie „ch" in „ich": **gente** (Leute); vor **a**, **o**, **u** und Mitlauten wie „g": **gato** (Katze)
gue, **gui**	wie „ge" bzw. „gi", das **u** wird nicht gesprochen, es zeigt nur an, dass das **g** hier nicht wie „ch" klingt: **guitarra** (Gitarre)
güe, **güi**	wie „gue" bzw „gui"; soll das **u** vor **e** und **i** dennoch hörbar sein, steht statt **u** ein **ü** (selten): **ungüento** (Salbe)
gua	wie „gua"; vor **a** ist das **u** immer hörbar: **agua** (Wasser)

h	wird nicht ausgesprochen: **hora** (Stunde)
j	wie „ch" in „Bach"(vor hellen Vokalen wie in „ich"); oft auch wie „h" in „Haus": **viejo** (alt)
ll	wie „j" in „Junge": **calle** (Straße)
ñ	wie „nj" in „Anja": **baño** (Toilette)
qu	wie „k" (nie „kw"!), tritt nur vor **e** und **i** auf, das **u** bleibt dabei „stumm": **queso** (Käse)
r	Zungenspitzen-R mit nur einem „Schlag", am Wortanfang stark gerollt: **pero** (aber), **río** (Fluss)
rr	im Wortinneren, wird stark gerollt: **perro** (Hund)
s	wie „ß / ss" in „Fuß": **sol** (Sonne)
x	wird normalerweise wie das deutsche „x" (also „kß") ausgesprochen: **taxi** (Taxi)
y	vor Vokalen wie „j" in „Junge": **ayer** (gestern); allein stehend oder am Wortende wie „i": **hoy** (heute), **y** (und)
z	wie „ß / ss" in „Fuß": **azúl** (blau)

Das nicaraguanische Spanisch klingt insgesamt melodischer als das in Spanien gesprochene. Der konkreteste Unterschied ist, dass das c *bzw. das* z *nicht gelispelt, sondern gleich dem* s *als ein stimmloses „ss" ausgesprochen wird. Das* ll *wird stets als „j" ausgesprochen, also gleich dem* y*. Oft werden Wörter zusammengezogen, besonders wenn zwei Selbstlaute aufeinander treffen:* voy a ir *wie „vuir" („ich werde gehen"),* para ir *wie „parir" („um zu gehen"). S-Laute werden oft verschluckt:* esfuerzo *wie „e(h)fuersso" (Anstrengung),* instituto *wie „intituto" (Institut).* p *und* t *am Silbenende werden volkstümlich zu „k":* internet *wie „internek".*

Betonung

Wörter, die auf einen Selbstlaut, auf n oder s enden, betont man in der Regel auf der vor-

Abweichungen von den Betonungsregeln werden durch einen Akzent auf der zu betonenden Silbe angezeigt, z. B.: avión (Flugzeug).

letzten Silbe, alle übrigen auf der letzten Silbe. Hierbei ist zu beachten, dass Selbstlaut-Verbindungen, die mit i oder u beginnen, als einsilbig gelten: patio (Hof) wird demnach auf dem a betont. Alle anderen Selbstlaut-Verbindungen jedoch gelten als zweisilbig: paseo (Spaziergang) wird also auf dem e betont. Manchmal ist die Betonung entscheidend für die Bedeutung eines Wortes:

esta	diese	**está**	er / sie ist
papa	Papst; Kartoffel	**papá**	Papa
compro	ich kaufe	**compró**	er / sie kaufte

Akzente dienen darüber hinaus bei einigen einsilbigen Wörtern, die unterschiedliche Bedeutungen haben, als orthographisches Unterscheidungsmerkmal:

el	der	**él**	er
tu	dein	**tú**	du
mi	mein	**mí**	mich
de	von	**dé!**	geben Sie!
si	wenn	**sí**	ja

Satzzeichen & Schreibweise

Ungewöhnlich für den deutschen Leser ist, dass Frage- und Ausrufesätze nicht nur mit den entsprechenden Satzzeichen (? und !) abgeschlossen, sondern auch – und dann auf

Folklore-Aufführung „El Güegüense" in Diriamba

dem Kopf stehend – eingeleitet werden (also ¿ und ¡). Sie werden dort gesetzt, wo jeweils die Frage oder der Ausruf beginnt, unter Umständen also auch mitten im Satz.

Lediglich der Satzanfang und die Eigennamen werden groß, alle anderen Wortanfänge klein geschrieben. Dies gilt jedenfalls theoretisch. In der Praxis variiert die Schreibung nämlich von Autor zu Autor. So werden j und x für die Aussprache „ch" nach Belieben ausgetauscht (z. B. Jiloá oder Xiloá). Die Buchstaben b und v, deren Aussprache sich überhaupt nicht unterscheidet, werden generell verwechselt; Entsprechendes gilt auch für s, c und z. Derartige Abweichungen vom Standardspanischen gelten zwar auch in Nicaragua im Prinzip als falsch – nur es stört sich anscheinend niemand daran. Auch Journalisten, Buchautoren und unzählige Schildermaler sind Opfer der allgemeinen Verunsicherung geworden.

Wörter, die weiterhelfen

In die folgenden Beispielsätze und -fragen kann man alle sinnvollen Wörter aus der Wörterliste unverändert einsetzen.

Estoy buscando...	Ich suche...

Estoy buscando un restaurante.
(ich-)bin suchend ein Restaurant
Ich suche ein Restaurant.

Estoy buscando la parada del bus.
(ich-)bin suchend die Haltestelle vom Bus
Ich suche die Bushaltestelle.

un médico	ein Arzt
el hospital	das Krankenhaus
la embajada	die Botschaft
la policía	die Polizei
el camión, el bus	der Bus
una tienda	ein Geschäft
el aeropuerto	der Flughafen
un taxi	ein Taxi
el consulado	das Konsulat
un teléfono	ein Telefon

¿Hay ...?	Gibt es ...?

¿Hay café?
(es-)hat Kaffee
Gibt es Kaffee?

¿Hay un hotel aquí?
(es-)hat ein Hotel hier
Gibt es hier ein Hotel?

Sí, hay.
ja (es-)hat
Ja, gibt es.

No, no hay.
nein nicht (es-)hat
Nein, gibt es nicht.

¿Dónde hay ...?	Wo gibt es ...?

¿Dónde hay una farmacia?
wo (es-)hat eine Apotheke
Wo gibt es eine Apotheke?

¿Dónde hay un banco?
wo (es-)hat ein Bank
Wo gibt es eine Bank?

¿Dónde está ...?	Wo ist ...?

¿Dónde está el Hotel Royal?
wo (er-)ist der Hotel Royal?
Wo ist das Hotel Royal?

¿Dónde está el correo?
wo (er-)ist der Post
Wo ist die Post?

¿Dónde está la terminal de buses?
wo (sie-)ist die Haltestelle von Busse
Wo ist der Busbahnhof?

a la derecha	(nach) rechts
a la izquierda	(nach) links
acá, aquí	hier
por acá	hierher
allá, allí	dort

Fragt man nach etwas Bestimmtem (d. h. wenn man den bestimmten Artikel beim Hauptwort gebraucht), verwendet man nicht hay *(es gibt), sondern* está *(ist). Man sollte sich von vornherein darauf einstellen, mehrmals verschiedene Personen fragen zu müssen. Die Antworten sind zwar meistens gut gemeint, nicht selten aber sehr unpräzise. Typisch etwa ist die Auskunft* más allá, *was etwa mit „immer weiter“ zu übersetzen ist.*

por allá	dorthin
cerca	nah
lejos	weit
derecho, recto	geradeaus
hacia atrás	zurück
cruce (*m*)	Kreuzung
semáforo	Ampel

¿Tiene Usted ...? Haben Sie ...?

¿Tiene Usted una habitación libre?
(er-/sie-)hat Sie eine Zimmer frei
Haben Sie ein freies Zimmer?

¿Tiene Usted un mapa de Managua?
(er-/sie-)hat Sie ein Plan von Managua
Haben Sie einen Stadtplan von Managua?

Diese Wendung ist dann angemessen, wenn man gezielt nach etwas fragen will. Die Antworten können lauten:

Sí, lo tenemos.
ja es (wir-)haben
Ja, haben wir.

No, no lo tengo.
nein nicht es (ich-)habe
Nein, habe ich nicht.

Quiero ..., Quisiera ... – Ich will / hätte gern ...

Will man einen Wunsch auszudrücken, benutzt man quiero (ich will) oder höflicher quisiera (ich würde wollen = ich möchte), das wie das deutsche „ich hätte gern“ verwendet wird.

Quiero una cerveza.
(ich-)will eine Bier
Ich möchte ein Bier.

Quisiera otra habitación.
(ich-)würde-wollen andere Zimmer
Ich hätte gern ein anderes Zimmer.

¿Cuánto cuesta ...? Wie viel kostet?

¿Cuánto cuesta un boleto?
wie-viel (er-)kostet ein Fahrkarte
Wie viel kostet eine Fahrkarte?

¿Cuánto cuesta la entrada?
wie-viel (sie-)kostet die Eingang
Wie viel kostet der Eintritt?

¿Cuánto cuesta esto?
wie-viel (es-)kostet dieses
Wie viel kostet das da?

© SW

Straßenmarkt in Diriamba

Kauderwelsch-Tonträger

Falls Sie sich die wichtigsten spanischen Sätze, die in diesem Buch vorkommen, einmal von einem Einheimischen gesprochen anhören möchten, kann Ihnen Ihre Buchhandlung den ***AusspracheTrainer (Audio-CD)*** *zu diesem Buch besorgen. Sie bekommen ihn auch über unseren Internetshop* ***www.reise-know-how.de*** *Dort steht der* ***AusspracheTrainer*** *auch als* ***MP3-Download*** *zur Verfügung. Alle Sätze, die Sie auf dem* ***AusspracheTrainer*** *hören können, sind in diesem Buch mit einem 👂 gekennzeichnet.*

Hauptwörter

Anders als im Deutschen werden die Hauptwörter (Substantive) nicht gebeugt. Man muss sich also lediglich das grammatische Geschlecht merken und die Mehrzahlbildung beachten. Es gibt im Spanischen nur männliche (*m*) und weibliche (*w*) Hauptwörter. Männliche Hauptwörter enden meistens auf -o, -r, -l oder -n, z. B.:

trabajo	Arbeit	**postal**	Postkarte
comedor	Esszimmer	**avión**	Flugzeug

Weibliche Hauptwörter enden in der Regel auf -a, -d, -ción oder -z:

casa	Haus	**canción**	Lied
ciudad	Stadt	**paz**	Frieden

Bei Personen wird die weibliche Form des Hauptwortes häufig durch Hinzufügen eines -a an die männliche Form gebildet:

el señor	Herr	**el español**	der Spanier
la señora	Frau	**la española**	die Spanierin

In anderen Fällen wird die männliche Endung -o durch ein -a ersetzt:

el niño	Junge	**la niña**	Mädchen
el tío	Onkel	**la tía**	Tante

Für einige männliche und weibliche Entsprechungen gibt es wiederum eigene Wörter:

el hombre	Mann	**la mujer**	Frau
el padre	Vater	**la madre**	Mutter

Eine ganze Reihe von Bezeichnungen, vor allem für Berufe, kennt für beide Geschlechter die gleiche Form:

el / la turista	Tourist / Touristin
el / la dentista	Zahnarzt / Zahnärztin
el / la periodista	Journalist / Journalistin

Die Namen von Meeren, Flüssen und Bergen sind in der Regel männlich: el Caribe *(Karibik),* el Momotombo *(Momotombo).*

Ausnahmen werden im Buch gekennzeichnet:

el día (*m*)	Tag	**la mano** (*w*)	Hand
el mapa (*m*)	Landkarte	**la flor** (*w*)	Blume
el problema (*m*)	Problem	**la moto** (*w*)	Mofa
el pez (*m*)	Fisch	**la foto** (*w*)	Foto

Artikel

Es gibt im Spanischen einen bestimmten und einen unbestimmten Artikel. Anders als im Deutschen hat der unbestimmte Artikel auch eine eigene Form für die Mehrzahl. Diese kann man mit „einige" übersetzen.

Weil im Spanischen das grammatische Geschlecht nicht immer dem im Deutschen entspricht, sollte der Artikel gleich mitgelernt werden.

bestimmter Artikel				
	männlich		weiblich	
Ez	**el**	der	**la**	die
Mz	**los**	die	**las**	die

unbestimmter Artikel				
	männlich		weiblich	
Ez	**un**	ein	**una**	eine
Mz	**unos**	einige	**unas**	einige

el / un árbol	der / ein Baum
los / unos árboles	die / einige Bäume

Bei weiblichen Hauptwörtern, die mit einem betonten a- oder ha- beginnen, wird die Artikelform el verwendet, um das Aufeinanderstoßen zweier a zu vermeiden.

el águila (*w*)	Adler	**el agua** (*w*)	Wasser
el alma (*w*)	Seele		

Im sprachlichen Gebrauch bleiben diese Hauptwörter jedoch weiblich.

Mehrzahl

Die Grundregel lautet: Hauptwörter, die in der Einzahl (*Ez*) auf einen Selbstlaut enden, bilden die Mehrzahl (*Mz*) mit einem angehängten -s; Hauptwörter, die auf einen Mitlaut enden, hängen für die Mehrzahl -es an.

casa	Haus	**casas**	Häuser
corazón	Herz	**corazones**	Herzen

Auch hier gibt es einige Ausnahmen: So bleiben Wörter, die in der Einzahl auf -s enden und auf der vorletzten Silbe betont werden, in der Mehrzahl unverändert. Dazu gehören einige Wochentage, z. B. lunes (Montag) und martes (Dienstag), oder Begriffe aus dem Griechischen wie z. B. la crisis (die Krise).

Bei Wörtern, die auf -z enden, verwandelt sich dieses in der Mehrzahl in ein -c-:

la luz	Licht
las luces	Lichter

Die Verkleinerungs- und Vergrößerungsform kann nicht nur bei Hauptwörtern, sondern auch bei Eigenschafts- und Umstandswörtern angewendet werden. Aus chico *(klein) wird* chiquito *oder gar* chiquitito *(winzig),* grande *(groß) wird hingegen zu* grandote*,* chaucito *heißt „Tschüss-chen“,* tantito *(soviel-chen) heißt „ein bisschen“,* nadita *(nichts-chen) „kein bisschen“, und das sehr nicaraguanische* ahorita *kann alles mögliche bedeuten, nur nicht* ahora *(jetzt).*

Verkleinerungs- / Vergrößerungsform

In Nicaragua wird, wie auch in anderen lateinamerikanischen Ländern, gerne die Verkleinerungs- sowie die Vergrößerungsform verwendet. Mit ihnen werden nicht nur quantitative Abstufungen angezeigt. Sie dienen vor allem dazu, sich betont herzlich auszudrücken. Die am meisten benutzten Endungen sind -ito (*m*) bzw. -ita (*w*) für die Verkleinerung, und -ote (*m*) / -ota (*w*) für die Vergrößerung.

un beso	Kuss
un besito	Küsschen
un besote	dicker Kuss
una casa	Haus
una casita	Häuschen
una casota	großes Haus

Dieses & Jenes

Die hinweisenden Fürwörter stehen vor dem Hauptwort, auf das sie sich beziehen, und richten sich in Zahl und Geschlecht nach diesem. Es gibt außerdem eine unpersönliche Form, die sich nicht auf konkrete Dinge oder Personen bezieht, sondern für allgemeine Situationen benutzt wird (z. B. „Das lohnt sich nicht“).

Die dritte Stufe, aquel *(jener), verweist auf etwas, das örtlich oder zeitlich entfernter liegt.*

Im Gegensatz zum Deutschen, das nur zwei hinweisende Fürwörter („dieses“ und „jenes“) aufweist, besitzt das Spanische drei. Ihr Gebrauch richtet sich nach der Entfernung vom Sprecher. Este („dieser hier“) weist auf eine Sache oder Person hin, die sich nahe beim Sprechenden befindet. Mit ese („dieser da“) bezeichnet man ein Objekt, das etwas weiter entfernt ist oder sich beim Angesprochenen befindet. Häufig wird es auch in abschätziger Bedeutung gebraucht.

	männlich	weiblich	unpersönlich
Ez	**este**	**esta**	**esto**
Mz	**estos**	**estas**	
Ez	**ese**	**esa**	**eso**
Mz	**esos**	**esas**	
Ez	**aquel**	**aquella**	**aquello**
Mz	**aquellos**	**aquellas**	

Eigenschaftswörter

Eigenschaftswörter (Adjektive) stehen meistens nach dem Hauptwort, auf das sie sich beziehen, und richten sich in Zahl und Geschlecht nach diesem. Die männliche Form des Eigenschaftswortes endet vielfach auf -o, die weibliche Form dementsprechend auf -a:

el libro nuevo	das neue Buch
la casa nueva	das neue Haus

Bei einigen Eigenschaftswörtern, vor allem bei jenen, die auf -e oder -l enden, stimmen männliche und weibliche Form überein, z. B.:

un caso difícil	ein schwieriger Fall
una cosa difícil	eine schwierige Sache
un hombre elegante	ein eleganter Mann
una mujer elegante	eine elegante Frau

Die Mehrzahl wird bei den Eigenschaftswörtern in gleicher Weise wie bei den Hauptwörtern gebildet: Endet das Eigenschaftswort auf einen Selbstlaut, wird -s angehängt; endet es jedoch auf einen Mitlaut, wird -es angehängt.

nuevo	neu (*m*)	**nuevos**	neue (*m*, *Mz*)
nueva	neu (*w*)	**nuevas**	neue (*w*, *Mz*)
difícil	schwierig	**difíciles**	schwierige (*Mz*)
feliz	glücklich	**felices**	glückliche (*Mz*)

Die Eigenschaftswörter bueno *(gut),* malo *(schlecht) und* grande *(groß) stehen im Gegensatz zur Mehrheit dieser Wortklasse in der Regel vor dem Hauptwort. Vor einem männlichen Hauptwort stehend, werden* bueno *und* malo *(wie auch die Ordnungszahlen* primero *und* tercero*) verkürzt, d. h. die Endung* -o *entfällt.* Grande *wird sowohl vor männlichen als auch vor weiblichen Hauptwörtern zu* gran *verkürzt.*

un buen amigo	ein guter Freund
el primer día	der erste Tag
un mal día	ein schlechter Tag
una gran cocinera	eine große (tolle) Köchin

mucho tiempo	viel Zeit
poco dinero	wenig Geld
otra amiga	eine andere Freundin

Die Wörter mucho *(viel),* poco *(wenig) und* otro *(anderer) stehen immer vor dem Hauptwort. Vor* otro *steht übrigens nie der unbestimmte Artikel.*

wichtige Eigenschaftswörter

bueno	gut	**malo**	schlecht
grande	groß	**chico**	klein
largo	lang	**corto**	kurz
bajo	niedrig	**alto**	hoch
mucho	viel	**poco**	wenig
rápido	schnell	**lento**	langsam
claro	hell	**oscuro**	dunkel
frío	kalt	**caliente**	heiß
limpio	sauber	**sucio**	schmutzig
suave	weich	**duro**	hart
viejo	alt	**nuevo; joven**	neu; jung
feliz	glücklich	**triste**	traurig
bonito, lindo	hübsch	**feo**	hässlich
trabajador	fleißig	**flojo**	faul
pobre	arm	**rico**	reich
inteligente	klug	**tonto**	dumm
barato	billig	**caro**	teuer
fácil	einfach	**difícil**	schwierig
liviano	leicht	**pesado**	schwer
mojado	nass	**seco**	trocken
correcto	richtig	**falso**	falsch
lleno	voll	**vacío**	leer

Farben

blanco	weiß	**azul**	blau
amarillo	gelb	**verde**	grün
naranja	orange	**marrón**	braun
rojo	rot	**negro**	schwarz
morado	violett	**gris**	grau

Steigern & Vergleichen

Bei der Steigerung wird das Eigenschaftswort nicht wie im Deutschen gebeugt. Man verwendet vielmehr das Wort más (mehr), das beim Komparativ (1. Steigerungsstufe) vor das Eigenschaftswort gestellt wird. Der Superlativ (2. Steigerungsstufe) wird gebildet, indem zusätzlich der bestimmte Artikel vorangestellt wird. Dabei richten sich Eigenschaftswort und Artikel in Zahl und Geschlecht nach dem zugehörigen Hauptwort.

Wenn das Eigenschaftswort im Superlativ anstelle eines Hauptworts gebraucht wird, steht der Artikel direkt davor. Wenn es ein Hauptwort näher bestimmt (also begleitet), steht der Artikel dagegen vor dem Hauptwort.

steigern

bonito	**más bonito**	**el más bonito**
schön	*mehr schön*	*der mehr schön*
schön	schöner	der schönste

bonita	**más bonita**	**la más bonita**
schöne(w)	*mehr schöne(w)*	*die mehr schöne(w)*
schöne	schönere	die schönste

mucho	viel	**más**	mehr
poco	wenig	**menos**	weniger
bueno	gut	**mejor**	besser
malo	schlecht	**peor**	schlechter
grande	groß	**mayor** (**más grande**)	größer
chico	klein	**menor** (**más chico**)	kleiner

Einige häufig verwendete Eigenschaftswörter haben unregelmäßige Steigerungsformen. Bei Personen bedeutet mayor *„älter" und* menor *„jünger", während die Körpergröße mit* alto *(hoch) bzw.* bajo *(niedrig) ausgedrückt wird.*

Steigern & Vergleichen

Sehr verbreitet ist die Verstärkung eines Eigenschaftswortes durch Anhängen der Endungen -ísimo *(m) bzw.* -ísima *(w).*

Carlos es altísimo.
Carlos (er-)ist größter
Carlos ist riesengroß.

Esta canasta es baratísima.
diese Korb (sie-)ist billigste
Dieser Korb ist spottbillig.

Des Weiteren besteht die Möglichkeit, mit Hilfe des Umstandswortes muy (sehr) eine Steigerung auszudrücken. Es steht grundsätzlich vor dem Eigenschaftswort.

¡Muy bien hecho!
sehr gut gemacht
Sehr gut gemacht!

una mujer muy bonita
eine Frau sehr hübsche
eine sehr hübsche Frau

vergleichen

In einem Vergleichssatz wird ein Unterschied mit más / menos ... que (mehr / weniger ... als) – bzw. mit den unregelmäßigen Formen ausgedrückt, und eine Gleichheit hinsichtlich einer Eigenschaft mit tan ... como (so ... wie).

Este carro es tan caro como ese.
dieser Auto (er-)ist so teuer wie der-da
Dieses Auto ist genauso teuer wie das da.

José es más alto que Beto.
Josef (er-)ist mehr hoch als Beto
Josef ist größer als Beto.

Umstandswörter

Mit Umstandswörtern kann man Verben, Eigenschaftswörter und andere Umstandswörter näher bestimmen. Man unterscheidet selbstständige Umstandswörter („heute", „immer" usw.), die des Grades (z. B. „sehr") und die von Eigenschaftswörtern abgeleiteten. Um aus Eigenschaftswörtern Umstandswörter zu bilden, hängt man an die weibliche Form des Adjektivs die Endung -mente:

Es ist sehr verbreitet, wenn auch nur in bestimmten Fällen grammatikalisch ganz korrekt, anstelle der Umstandswörter die Eigenschaftswörter selbst zu benutzen.

lento / lenta	**lentamente**	langsam
rápido / rápida	**rapidamente**	schnell

Lentamente María sube la escalera.
langsam Maria (sie-)hinaufgeht die Leiter
Maria steigt langsam die Leiter hoch.

un caso eminentemente difícil
ein Fall außerordentlich schwierig
ein außerordentlich schwieriger Fall

Einige Eigenschaftswörter bilden unregelmäßige Umstandswörter:

bueno (*Eig.*)	gut	**bien** (*Umst.*)	gut
malo (*Eig.*)	schlecht	**mal** (*Umst.*)	schlecht

Eig. = Eigenschaftswort
Umst. = Umstandswort

Persönliche Fürwörter

yo	ich	**nosotros/-tras**	wir (*m/w*)
tú (vos)	du	**ustedes**	ihr
él / ella	er / sie	**ellos / ellas**	sie (*Mz*)
Usted	Sie (*Ez*)	**Ustedes**	Sie (*Mz*)

In der Schriftsprache werden die Höflichkeitsformen häufig abgekürzt. Für Usted *schreibt man* Ud.*, für* Ustedes *schreibt man* Uds.

Im Gegensatz zum Deutschen unterscheidet man eine männliche und eine weibliche Form für „wir" und „sie" (*Mz*). Für gemischte Gruppen wird jeweils die männliche Form benutzt. Außerdem gibt es bei der höflichen Anrede verschiedene Formen, je nachdem, ob eine oder mehrere Personen angeredet werden. Ein markanter Unterschied zum Sprachgebrauch in Spanien besteht im Ersetzen des persönlichen Fürworts der 2. Person Mehrzahl vosotros durch ustedes, die Mehrzahlform der höflichen Anrede. Dadurch wird auch die Verbform der 3. Person Mehrzahl übernommen.

Nicaragua kann wohl als eine „Hochburg" des voseo *in Mittelamerika gelten, aber auch in allen anderen Ländern der Region kommt dieses Phänomen vor.*

Eine weitere lateinamerikanische Spezialität ist der sogenannte voseo. Dabei wird anstelle von tú in der 2. Person Einzahl das in Spanien nicht mehr gebräuchliche vos benutzt. In der Gegenwart hat vos eine andere Verbform als tú. Die rückbezüglichen sowie die besitzanzeigenden Fürwörter bleiben aber unverändert: vos vivís en tu casa usw.

Die persönlichen Fürwörter (in Subjektsfunktion) werden nur zur Betonung der Person hinzugesetzt, da die handelnde Person meistens aus der Verbendung hervorgeht.

Él sabe qué hacer, yo no.
er (er-)weiß was machen, ich nicht
Er weiß, was zu tun ist, ich (dagegen) nicht.

Wem? oder Wen?

Die Beugungsformen der persönlichen Fürwörter als Antwort auf die Fragen „wem?“ oder „wen?“ (d. h. die Objektsformen) lauten:

Frage: „wem?“			Frage: „wen?“	
	unbetont	**betont**		
mir	**me**	**a mí**	mich	**me**
dir	**te**	**a ti / a vos**	dich	**te**
ihm	**le**	**a él**	ihn	**lo**
ihr	**le**	**a ella**	sie	**la**
Ihnen (*Ez*)	**le**	**a Usted**	Sie (*m/w*)	**lo / la**
uns	**nos**	**a nosotros/-as**	uns	**nos**
euch	**les**	**a ustedes**	euch (*m/w*)	**los / las**
ihnen	**les**	**a ellos/-as**	sie (*Mz*)	**los / las**
Ihnen (*Mz*)	**les**	**a Ustedes**	Sie (*Mz*)	**los / las**

Carlos me escribe.
Carlos mir (er-)schreibt
Carlos schreibt mir.

Te quiero.
dich (ich-)will
Ich liebe dich.

Die unbetonten Fürwortformen stehen vor dem gebeugten Verb.

Die betonten Formen stehen nach Verhältniswörtern (Präpositionen). Vor allem aber werden sie, und zwar in Kombination mit der Präposition a und zusätzlich zur unbetonten Form, verwendet, um das persönliche Fürwort besonders hervorzuheben.

Die betonten Varianten können dagegen nach dem Verb oder auch am Satzanfang stehen.

Carlos me escribió a mí.
Carlos mir (er-)schrieb zu mir
Carlos hat <u>mir</u> geschrieben. (... und nicht <u>dir</u>!)

Besitzanzeigende Fürwörter

Steht der Besitz in der Mehrzahl, wird wie bei den Haupt- und Eigenschaftswörtern ein -s an das besitzanzeigende Fürwort gehängt.

Die unbetonten besitzanzeigenden Fürwörter (Possessivpronomen) stehen immer vor dem Hauptwort, auf das sie sich beziehen. Männliche und weibliche Formen treten nur in der 1. Person Mehrzahl („unser“) auf. Dann richtet sich das besitzanzeigende Fürwort in Geschlecht nach dem Hauptwort, das den Besitz bezeichnet.

mein/e Buch / Bücher
ihr/e Freund/e
unser/e Auto/s
unser/e Haus / Häuser

mi libro	**mis libros**
su amigo	**sus amigos**
nuestro carro	**nuestros carros**
nuestra casa	**nuestras casas**

Besitz Ez		Besitz Mz	
mein	**mi**	meine	**mis**
dein	**tu**	deine	**tus**
sein / ihr	**su**	seine / ihre	**sus**
Ihr	**su**	Ihre	**sus**
unser	**nuestro/-a**	unsere	**nuestros/-as**
euer	**su**	eure	**sus**
ihr	**su**	ihre	**sus**
Ihr	**su**	Ihre	**sus**

Neben diesen besitzanzeigenden Fürwörtern, die nur zusammen mit einem dazugehörigen Hauptwort stehen, gibt es die sogenannten „betonten“ besitzanzeigenden Fürwörter. Sie stehen z. B. als Bestandteil der Satzaussage (Prädikat) in Sätzen mit dem Verb „sein“ und richten sich nach dem Satzgegenstand (Subjekt) in Zahl und Geschlecht.

Die Endungen der betonten besitzanzeigenden Fürwörter sind mit denen der Eigenschaftswörter identisch.

mío/-a	mein	**nuestro/-a**	unser
tuyo/-a	dein	**suyo/-a**	euer
suyo/-a	sein; ihr	**suyo/-a**	ihr (*m/w*)
suyo/-a	Ihr (*Ez*)	**suyo/-a**	Ihr (*Mz*)

¿De quién son estas cosas?
von wer (sie-)sind diese Sachen
Wem gehören diese Sachen?

Son suyas.
(sie-)sind seine/ihre
Sie gehören ihm / ihr / ihnen.

Este carro es mío.
dieser Auto (er-)ist meiner
Dieses Auto gehört mir.

Tätigkeitswörter

Die spanischen Tätigkeitswörter (Verben) sind aus einem Stamm und einer Endung zusammengesetzt. In der Grundform (Infinitiv) kommen die folgenden drei Endungen vor:

-ar	**hablar**	sprechen
-er	**comer**	essen
-ir	**vivir**	leben, wohnen

Gegenwart

Bei der Beugung ersetzt man die Endung der Grundform (-ar, -er, -ir) durch die Beugungsendung für die handelnde Person („ich", „du" usw.). Der Stamm bleibt unverändert.

Die Bindestriche in der Tabelle sollen nur die Beugungsendungen hervorheben.

	habl-ar sprechen	**com-er** essen	**viv-ir** leben
ich	**habl-o**	**com-o**	**viv-o**
du	**habl-as**	**com-es**	**viv-es**
er / sie / Sie	**habl-a**	**com-e**	**viv-e**
wir	**habl-amos**	**com-emos**	**viv-imos**
ihr	**habl-an**	**com-en**	**viv-en**
sie / Sie	**habl-an**	**com-en**	**viv-en**

¿Ustedes hablan español?
Sie (sie-)sprechen Spanisch
Sprecht ihr Spanisch? / Sprechen Sie Spanisch?

Die persönlichen Fürwörter werden in der Regel weggelassen, außer zum Zwecke der Hervorhebung.

Vivimos en Managua.
(wir-)leben in Managua
Wir leben in Managua.

Im Vergleich zum Spanisch Spaniens fällt auf, dass eine eigene Verbform für die 2. Person Mehrzahl („ihr“) fehlt. Stattdessen verwendet man die der Höflichkeitsform der Mehrzahl entsprechende Endung, nämlich die der 3. Person Mehrzahl („sie“).

Yo pago hoy.
ich (ich-)zahle heute
Ich bezahle heute!

vos

Wie bereits im Kapitel über die persönlichen Fürwörter erläutert, wird in Nicaragua mehr noch als tú die Form vos benutzt. Dazu gibt es eine eigene Verbform. Sie ähnelt der für tú, allerdings wird die letzte Silbe betont:

tú hablas	**tú comes**	**tú vives**
vos hablás	**vos comés**	**vos vivís**

Liste wichtiger Verben			
comenzar*	anfangen	**llegar**	kommen
contestar	antworten	**costar***	kosten
trabajar	arbeiten	**besar**	küssen
bañarse	baden	**sonreír***	lächeln
tener*	besitzen, haben	**correr**	laufen, rennen
visitar	besuchen	**vivir**	leben, wohnen
pagar, **cancelar**	bezahlen	**poner***	legen, stellen
pedir*	bitten	**aprender**	lernen
quedarse	bleiben	**leer**	lesen
necesitar	brauchen	**querer***, **amar**	lieben
traer*	bringen	**hacer***	machen, tun
agradecer*	danken	**tomar**	nehmen
tardar	dauern	**abrir***	öffnen
invitar	einladen	**estacionar**	parken
entrar	eintreten	**fumar**	rauchen
contar*	erzählen	**llamar**, **gritar**	rufen, schreien
manejar	fahren (Auto)	**decir***	sagen
encontrar*	finden	**mandar**, **enviar**	schicken
volar*	fliegen	**dormir***	schlafen
tomar una foto	fotografieren	**escribir**	schreiben
entregar	geben	**ver***, **mirar**	sehen
andar, **caminar**	gehen	**hablar**	sprechen
creer*	glauben	**morir***	sterben
saludar	grüßen	**buscar**	suchen
sostener*	halten (etwas)	**llamar por teléfono**	telefonieren
ayudar	helfen		
oír*, **escuchar**	hören	**olvidar**	vergessen
informar, **avisar**	informieren	**comprender**, **entender***	verstehen
comprar	kaufen	**tratar (de)**	versuchen (zu)
conocer*	kennen	**esperar**	warten

* unregelmäßiges Verb

Unregelmäßige Verben

Es gibt eine Anzahl von regelmäßig gebeugten Verben, bei denen sich bis auf die 1. Person Mehrzahl („wir") lediglich der Stamm verändert. Die Beugungsendungen sind regelmäßig. Diese Verben lassen sich zu Gruppen zusammenfassen. Es folgen die wichtigsten:

-e- wird zu -ie-, z. B. pensar (denken) und entender (verstehen):

Zu dieser Gruppe gehören u.a. auch: querer (*wollen*), cerrar (*schließen*), comenzar (*beginnen*), recomendar (*empfehlen*), defender (*verteidigen*), perder (*verlieren*).

	pensar denken	**entender** verstehen
ich	**pienso**	**entiendo**
du	**piensas**	**entiendes**
er / sie / Sie	**piensa**	**entiende**
wir	**pensamos**	**entendemos**
ihr	**piensan**	**entienden**
sie / Sie (*Mz*)	**piensan**	**entienden**

-o- wird zu -ue-, z. B. contar (erzählen, zählen) und mover (bewegen):

Zu dieser Gruppe gehören u.a. auch: poder (*können*), costar (*kosten*), encontrar (*finden*), doler (*schmerzen*), llover (*regnen*), volver (*zurückkommen*).

	contar zählen	**mover** bewegen
ich	**cuento**	**muevo**
du	**cuentas**	**mueves**
er / sie / Sie	**cuenta**	**mueve**
wir	**contamos**	**movemos**
ihr	**cuentan**	**mueven**
sie / Sie (*Mz*)	**cuentan**	**mueven**

Die letzte Gruppe schließlich bildet nur die 1. Person Einzahl („ich") unregelmäßig: -c- wird hier zu -zc-, z. B. conocer (kennen) – conozco (ich kenne). Alle anderen Formen sind regelmäßig. Zu dieser Gruppe gehören die meisten Verben, die auf -cer oder -ducir enden, z. B. ofrecer (anbieten), traducir (übersetzen).

Einige Verben werden stärker unregelmäßig gebeugt. Typischerweise sind dies aber die besonders häufig gebrauchten. Es empfiehlt sich also, die Beugung dieser wichtigen Verben zu kennen.

dar geben	ir gehen	oir hören	venir kommen	hacer machen
doy	voy	oigo	vengo	hago
das	vas	oyes	vienes	haces
da	va	oye	viene	hace
damos	vamos	oímos	venimos	hacemos
dan	van	oyen	vienen	hacen
dan	van	oyen	vienen	hacen

decir sagen	ver sehen	poner stellen	salir weggehen	saber wissen
digo	veo	pongo	salgo	sé
dices	ves	pones	sales	sabes
dice	ve	pone	sale	sabe
decimos	vemos	ponemos	salimos	sabemos
dicen	ven	ponen	salen	saben
dicen	ven	ponen	salen	saben

Sein & Haben

Dem deutschen Hilfsverb „sein" entsprechen im Spanischen zwei Verben: ser und estar.

ser / estar – sein

	ser	estar
ich	**soy**	**estoy**
du	**eres**	**estás**
er / sie / Sie	**es**	**está**
wir	**somos**	**estamos**
ihr	**son**	**están**
sie / Sie (*Mz*)	**son**	**están**

Für die Unterscheidung von ser und estar prägt man sich am besten folgende Faustregeln ein:

Mit dem Verb ser werden unabänderliche oder charakteristische Wesenszüge bezeichnet, z.B. Nationalität, Religion, Beruf, Herkunft, Farben, charakterliche und sonstige wesensmäßige Eigenschaften.

Soy alemán / alemana.
(ich-)bin Deutscher / Deutsche
Ich bin Deutscher / Deutsche.

La mesa es pequeña.
die Tisch (sie-)ist kleine
Der Tisch ist klein.

Estar dagegen drückt eine vorübergehende oder veränderliche Eigenschaft bzw. Zustand aus, z. B. Ortsangaben, Befinden, Stimmung.

Él está en el baño.
er (er-)ist in der Bad
Er ist im Bad.

Estamos cansados.
(wir-)sind müde
Wir sind müde.

Die Unterscheidung von ser *und* estar *wird anfangs etwas Mühe machen, ist aber sehr wichtig.*

Wie erheblich sich die Bedeutung unterscheiden kann, veranschaulicht folgendes Beispiel:

Esta carne es mala.
diese Fleisch (sie-)ist schlechte
Dies ist (qualitativ) schlechtes Fleisch.

Esta carne está mala.
diese Fleisch (sie-)ist schlechte
Dieses Fleisch ist schlecht (= verdorben).

Dabei ist zu beachten, dass ein Eigenschaftswort als Bestandteil der Satzaussage (Prädikat) sich in Zahl und Geschlecht nach dem Satzgegenstand (Subjekt) richtet.

Yo estoy cansado.
ich (ich-)bin müde
Ich bin müde.
(sagt ein Mann)

Yo estoy cansada.
ich (ich-)bin müde
Ich bin müde.
(sagt eine Frau)

Tú eres bonito.
du (du-)bist schön
Du bist schön.
(zum Mann)

Tú eres bonita.
du (du-)bist schöne
Du bist schön.
(zur Frau)

Nosotros estamos solos.
wir (wir-)sind allein
Wir sind allein. (*Männer / gemischt*)

Nosotras estamos solas.
wir (wir-)sind allein
Wir sind allein. (*nur Frauen*)

tener / haber – haben

Das deutsche Verb „haben" hat im Spanischen ebenfalls zwei Entsprechungen: Dabei bedeutet tener „haben" im Sinne von „besitzen", ist also kein Hilfsverb. Zur Bildung der zusammengesetzten Vergangenheitsformen wird dagegen immer haber verwendet.

Zur 3. Person Einzahl von haber existiert außerdem die unpersönliche Nebenform hay (es gibt). Diese wird in der gesprochenen Sprache sehr häufig gebraucht.

	tener haben, besitzen	**haber** Hilfsverb: haben
ich	**tengo**	**he**
du	**tienes**	**has**
er / sie / Sie	**tiene**	**ha**
wir	**tenemos**	**hemos**
ihr	**tienen**	**han**
sie / Sie (*Mz*)	**tienen**	**han**

Hay mucho sol.
(es-)hat viel Sonne
Die Sonne ist sehr stark.

Die unpersönliche Form hay tritt zudem in dem wichtigen Ausdruck hay que (man muss) auf:

Hay que tener cuidado.
(es-)hat dass haben Vorsicht
Man muss aufpassen.

Hay que levantarse temprano.
(es-)hat dass aufstehen-sich früh
Man muss früh aufstehen.

Weitere Zeiten

Die Möglichkeiten der Zeitenbildung sind im Spanischen reichhaltiger als im Deutschen. Eine vollständige Darstellung würde jedoch den Rahmen des Kauderwelsch-Sprachführers sprengen, weshalb im Folgenden nur zwei Formen der Vergangenheit sowie der Zukunft vorgestellt werden. Damit wird man zwar nicht in jedem Fall korrekt sprechen, sich aber immer verständlich machen können.

Partizip II (Mittelwort der Vergangenheit)

Für die Bildung der vollendeten Gegenwart (Perfekt), z. B. „ich bin gegangen“, braucht man zunächst das Partizip II (also „gegangen“), das sehr einfach zu bilden ist. Dabei wird die Endung der Grundform durch die entsprechende Endung des Partizips ersetzt:

-ar – -ado:	**hablar** sprechen	**hablado** gesprochen
-er – -ido:	**comer** essen	**comido** gegessen
-ir – -ido:	**vivir** leben	**vivido** gelebt

Folgende Ausnahmen muss man sich merken:

abrir	öffnen	**abierto**	geöffnet
decir	sagen	**dicho**	gesagt
escribir	schreiben	**escrito**	geschrieben
hacer	machen, tun	**hecho**	gemacht, getan
poner	stellen, legen	**puesto**	gestellt, gelegt
ver	sehen	**visto**	gesehen

Perfekt (Vollendete Vergangenheit)

Nur haber (haben) wird (für die Person des Subjekts) gebeugt, das Partizip II bleibt für alle Personen unverändert! Anders als im Deutschen werden die zusammengesetzten Zeiten niemals mit dem Hilfsverb „sein" gebildet.

Das Perfekt ist von allen Zeitstufen am einfachsten zu lernen, weil man sich nur einige wenige Formen einprägen muss. Man kombiniere die Gegenwartsformen des Hilfsverbs haber (haben) mit dem Partizip II des jeweiligen Verbs.

he		ich habe gesprochen
has		du hast gesprochen
ha		er / sie hat gesprochen
	hablado	Sie haben gesprochen
hemos		wir haben gesprochen
han		ihr habt gesprochen
han		sie / Sie haben gesprochen

He llegado hoy.
(ich-)habe angekommen heute
Ich bin heute angekommen.

Siempre hemos comido en este restaurante.
immer (wir-)haben gegessen in dieser Restaurant
Wir haben immer in diesem Restaurant gegessen (*... und tun es noch heute*).

Das Perfekt wird im Allgemeinen für eine Handlung der Vergangenheit benutzt, die erst kürzlich geschehen ist bzw. noch Auswirkungen auf die Gegenwart hat. Im Satz gilt die Perfekt-Konstruktion (haber + Partizip II) als geschlossene Einheit, in die nichts eingefügt wird. Persönliche Fürwörter in Objektfunktion stehen demnach vor der Form von haber.

Einfache Vergangenheit (Indefinido)

Eine weitere Vergangenheitsform ist das indefinido, das der deutschen einfachen Vergangenheit (ich ging) entspricht. Dies ist keine zusammengesetzte Zeit, sondern eine eigenständige Beugungsform. Die Verben auf -er und -ir haben im Gegensatz zur Gegenwartsform die gleichen Beugungsendungen.

	habl-ar	**com-er**	**viv-ir**
ich	**habl-é**	**com-í**	**viv-í**
du	**habl-aste**	**com-iste**	**viv-iste**
er / sie / Sie	**habl-ó**	**com-ió**	**viv-ió**
wir	**habl-amos**	**com-imos**	**viv-imos**
ihr	**habl-aron**	**com-ieron**	**viv-ieron**
sie / Sie	**habl-aron**	**com-ieron**	**viv-ieron**

In der Tabelle wieder durch Bindestriche abgetrennt.

Das indefinido drückt ein abgeschlossenes Ereignis in der Vergangenheit aus. Es ist im Spanischen sehr häufig und wird auch dann verwendet, wenn man im Deutschen in der gesprochenen Sprache vorwiegend das Perfekt gebraucht.

Ayer comí con ella.
gestern (ich-)aß mit sie
Gestern habe ich mit ihr gegessen.

Él vivió dos años en Managua.
er (er-)lebte zwei Jahre in Managua
Er hat zwei Jahre in Managua gelebt
(*... und lebt heute woanders*).

Zu beachten ist, dass ser *(sein) und das unregelmäßige Verb* ir *(gehen) die gleichen Formen im* indefinido *bilden. So kann z. B.* fue *sowohl „er war“ als auch „er ging“ bedeuten.*

	ser	estar	tener
ich	**fui**	**estuve**	**tuve**
du	**fuiste**	**estuviste**	**tuviste**
er / sie / Sie	**fue**	**estuvo**	**tuvo**
wir	**fuimos**	**estuvimos**	**tuvimos**
ihr	**fueron**	**estuvieron**	**tuvieron**
sie / Sie (*Mz*)	**fueron**	**estuvieron**	**tuvieron**

Was das Hilfsverb haber (haben) betrifft, reicht es völlig aus, sich lediglich die 3. Person Einzahl („er / sie“) zu merken: hubo. Diese Form ist nämlich zugleich die indefinido-Form des unpersönlichen hay (es gibt) und wird dementsprechend mit „es gab“ übersetzt.

Zukunft

Die gebräuchlichste Art, zukünftige Ereignisse auszudrücken, ist die Kombination der gebeugten Form von ir (gehen) mit einem zwischengeschalteten a (etwa „zu“) und der Grundform (Infinitiv) des jeweiligen bedeutungstragenden Verbs. Ir (gehen) ist ein unregelmäßiges Verb.

gebeugtes ir (gehen) + a (zu) + Grundform des jeweiligen Verbs

Voy a pagar la cuenta mañana.
(ich-)gehe zu zahlen die Rechnung morgen
Ich werde die Rechnung morgen bezahlen.

Vamos a salir.
(wir-)gehen zu weggehen.
Wir werden gleich weggehen.

Am einfachsten (wenn auch nur in bestimmten Fällen korrekt) ist es natürlich, wie im Deutschen die Gegenwartsform mit einer entsprechenden Zeitangabe zu verwenden, z. B.: „ich gehe morgen“ anstatt „ich werde gehen“.

Mañana vamos a la catedral.
morgen (wir-)gehen zu die Kathedrale
Morgen gehen wir in die Kathedrale.

Die andere Ausdrucksmöglichkeit für die Zukunft ist das sog. futuro imperfecto, das mit bestimmten Beugungsendungen gebildet wird. Diese Endungen sind bei allen Beugungsklassen gleich; sie werden an die vollständige Grundform (Infinitiv) des Verbs angehängt.

hablar	**sprechen**
hablar-é	ich werde sprechen
hablar-ás	du wirst sprechen
hablar-á	er / sie wird sprechen
hablar-emos	wir werden sprechen
hablar-án	ihr werdet sprechen
hablar-án	sie / Sie werden sprechen

Diese Beugungsform wurde ursprünglich aus dem Infinitiv und dem nachgestellten gebeugten Hilfsverb haber *(haben) gebildet (z. B.* hablar he *ich habe zu sprechen = ich werde sprechen). Aus einer Verschmelzung dieser Elemente (aus* „hablar he“ *wurde* hablaré, *aus* „hablar has“ *wurde* hablarás *usw.) entstanden die heutigen Formen.*

Estará contento / contenta con la habitación.
(er-/sie-)sein-wird zufrieden (m/w) mit die Zimmer
Sie werden mit dem Zimmer zufrieden sein!

Mit dieser Zukunftsform lässt sich auch eine Vermutung ausdrücken.

¿Qué hora será?
was Stunde (es-)sein-wird
Wie spät mag es sein?

Modalverben – können, müssen, wollen

Modalverben werden im meistens in Verbindung mit Vollverben gebraucht und geben der Satzaussage einen zusätzlichen Bedeutungsaspekt (Möglichkeit, Verpflichtung, usw.). Deutsche und spanische Modalverben sind in der Bedeutung nicht deckungsgleich.

deber	poder	saber	querer	tener que
debo	puedo	sé	quiero	tengo que
debes	puedes	sabes	quieres	tienes que
debe	puede	sabe	quiere	tiene que
debemos	podemos	sabemos	queremos	tenemos que
deben	pueden	saben	quieren	tienen que
deben	pueden	saben	quieren	tienen que

deber (müssen, sollen, dürfen)

Mit deber wird zumeist eine Notwendigkeit bezeichnet, die sich aus einer moralischen Verpflichtung ergibt.

Debemos apoyar este plan.
(wir-)müssen unterstützen dieser Plan
Wir müssen diesen Plan unterstützen.

No debes hacerlo.
nicht (du-)musst machen-es
Du darfst das nicht tun.

deber als Vollverb jedoch bedeutet „schulden, (jemandem etwas) schuldig sein":

¿Qué le debo?
was ihm/ihr (ich-)schulde
Was schulde ich Ihnen?

poder / saber (können)

Mit poder wird eine Möglichkeit oder Fähigkeit ausgedrückt, die von äußeren Umständen, vom eigenen Willen oder von einer Erlaubnis abhängt.

¡No puedo más!
nicht (ich-)kann mehr
Ich kann nicht mehr!

¡Aquí no se puede fumar!
hier nicht sich (es-)kann rauchen
Man darf hier nicht rauchen!

Mit saber (können, wissen) hingegen bezeichnet man eine erlernte oder angeborene Fähigkeit.

Todos saben nadar.
alle (sie-)wissen schwimmen
Alle können schwimmen.

querer (wollen)

Möchte man einen Willen oder Wunsch ausdrücken, verwendet man das Verb querer. Bei einem höflich geäußerten Wunsch benutzt man statt quiero (ich will) dessen Möglichkeitsform quisiera (ich möchte / würde gern).

Queremos ir a la playa.
(wir-)wollen gehen zu die Strand
Wir wollen zum Strand gehen.

Quisiera ver algunos cuartos.
(ich-)würde-wollen sehen einige Zimmer
Ich würde gern einige Zimmer sehen.

Als Vollverb hat querer die Bedeutung „lieben".

Te quiero.
dich (ich-)will
Ich liebe dich.

tener que (müssen)

Mit tener que wird eine Notwendigkeit bzw. ein äußerer Zwang angezeigt.

Tengo que ir al médico.
(ich-)habe dass gehen zum Arzt
Ich muss zum Arzt.

Rückbezügliche Verben

Rückbezügliche (reflexive) Verben haben im Infinitiv (Grundform) stets die zusätzliche Endung -se („sich"), z. B. lavarse (sich waschen). Bei der Beugung trennt sich -se vom Infinitiv und wird zu einem selbstständigen rückbezüglichen Fürwort, das vor dem Verb steht.

lavarse	*waschen-sich*	**sich waschen**
me lavo	*mich (ich-)wasche*	ich wasche mich
te lavas	*dich (du-)wäschst*	du wäschst dich
se lava	*sich (er-/sie-)wäscht*	er / sie wäscht sich, Sie waschen sich
nos lavamos	*uns (wir-)waschen*	wir waschen uns
se lavan	*sich (sie-)waschen*	ihr wascht euch
se lavan	*sich (sie-)waschen*	sie waschen sich, Sie (*Mz*) waschen sich

Im Satz nimmt das rückbezügliche Fürwort eine andere Position ein als im Deutschen. Normalerweise steht es direkt vor dem gebeugten Verb. In einer Konstruktion mit Modalverben wird es jedoch an die Grundform (den Infinitiv) angehängt.

Tenemos que informarnos.
(wir-)haben dass informieren-uns
Wir müssen uns informieren.

Rückbezügliche Verben

Neben vielen Verben, die wie im Deutschen rückbezüglich sind oder entsprechend verwendet werden können (wie z. B. lavar = *waschen,* lavarse = *sich waschen), gibt es Verben, die im Spanischen immer rückbezüglich sind, im Deutschen aber nicht.*

levantarse	aufstehen
desvestirse	ausziehen
bañarse	baden
quedarse	bleiben
casarse	heiraten
irse	weggehen
llamarse	heißen
despertarse	aufwachen
callarse	schweigen
detenerse	stehenbleiben
pelearse	streiten

Me voy.
mich (ich-)gehe
Ich gehe weg.

Me llamo Miguel.
mich (ich-)rufe Michael
Ich heiße Michael.

¡Hoy nos hemos levantado temprano.
heute uns (wir-)haben erhoben früh
Heute sind wir früh aufgestanden.

Das rückbezügliche se wird auch verwendet, um das deutsche unpersönliche „man“ auszudrücken.

Se venden souvenirs.
sich (sie-)verkaufen Souvenirs
Man verkauft Souvenirs.

Se habla alemán.
sich (es-)spricht Deutsch
Man spricht Deutsch.

Satzstellung

Der Satzbau ist im Spanischen weitgehend wie im Deutschen. Zu beachten ist, dass die gebeugten persönlichen Fürwörter (mir, dir ..., mich, dich ...), die rückbezüglichen Fürwörter und das Verneinungswort no (nicht) anders als im Deutschen immer direkt vor dem Verb stehen. Der einfache Aussagesatz folgt meist folgendem Schema:

Das Verneinungswort steht dabei außerdem noch vor eventuellen Fürwörter, d. h. ganz am Anfang der verbalen Wortgruppe.

SUBJEKT (Satz-gegenstand)	**PRÄDIKAT** (Satz-aussage)	**OBJEKT** (Satz-ergänzung)
El niño	**toma**	**el jugo.**
der Kind	*(er-)trinkt*	*der Saft*
Das Kind	trinkt	den Saft.
Nosotros	**te damos**	**la llave.**
wir	*dir (wir-)geben*	*die Schlüssel*
Wir	geben dir	den Schlüssel.

Auch wenn ein Umstandswort (Adverb) oder sonst ein anderes Wort als das Subjekt an den Satzanfang gestellt wird, bleibt das Grundschema erhalten. Es erfolgt also keine Umstellung der Reihenfolge von Subjekt und Prädikat wie im Deutschen.

Hoy el señor Vargas va al cine.
heute der Herr Vargas (er-)geht zum Kino
Heute geht Herr Vargas ins Kino.

Verneinung

Aussagesätze werden durch no (nein, nicht) verneint, das grundsätzlich vor der Satzaussage (Prädikat) steht. Im Spanischen wird auch dann das Verb verneint, wenn sich im Deutschen die Verneinung auf das Hauptwort bezieht.

Desgraciadamente no puedo venir.
unglücklicherweise nicht (ich-)kann kommen
Ich kann leider nicht kommen.

No tengo tiempo.
nicht (ich-)habe Zeit
Ich habe keine Zeit.

Estos zapatos no me gustan.
diese Schuhe nicht mir (sie-)gefallen
Diese Schuhe gefallen mir nicht.

Die spezielleren Verneinungswörter wie „niemand", „nichts", „niemals" benötigen im Spanischen eine besondere Konstruktion, die eigentlich eine doppelte Verneinung darstellt. Dabei wird das Verb mit no (nein, nicht) verneint und das speziellere Verneinungswort an das Ende des Satzes gestellt. Eine doppelte Verneinung bleibt im Spanischen also eine Verneinung.

no ... ninguno	keiner (*m*)
no ... ninguna	keine (*w*)
no ... nadie	niemand
no ... nunca	niemals
no ... jamás	niemals
no ... nada	nichts
no ... tampoco	auch nicht
no ... en ninguna parte	nirgends
no ... a ninguna parte	nirgendwohin
no ... de ninguna parte	nirgendwoher

No entiendo nada.
nicht (ich-)verstehe nichts
Ich verstehe nichts.

No volverá nunca.
nicht (er-/sie-)zurückkommen-wird nie
Er / sie wird nie zurückkommen.

Die Verneinung des Verbs mit no entfällt nur dann, wenn das speziellere Verneinungswort dem Verb vorangestellt (also besonders hervorgehoben) wird.

Nunca he comido tanto.
nie (ich-)habe gegessen soviel
Nie habe ich soviel gegessen.

Nadie me contestó.
niemand mir (er-/sie-)antwortete
Es hat mir niemand geantwortet.

Fragen

Entscheidungsfragen sind Fragen, die man nur mit sí (ja) oder no (nein) beantworten kann. In der Regel wird in der Frage Satzgegenstand (Subjekt) und Satzaussage (Prädikat) gegenüber der Wortstellung im Aussagesatz vertauscht.

Este es el camino hacia ...
dieser (er-)ist der Weg nach ...
Das ist der Weg nach ...

¿Es este el camino hacia ...?
(er-)ist dieser der Weg nach ....
Ist das der Weg nach ...?

Es ist aber ebenso möglich, die Wortfolge des Aussagesatzes beizubehalten und nur mittels der Satzmelodie anzuzeigen, dass es sich um eine Frage handelt.

¿Este es el camino hacia ...?
dieser (er-)ist der Weg nach ...
Das ist der Weg nach ...?

Ergänzungsfragen

Ergänzungsfragen werden durch konkrete Fragewörter eingeleitet. Man antwortet darauf mit einem vollständigen Satz. Auch hier werden Satzgegenstand (Subjekt) und Satzaussage (Prädikat) umgestellt.

¿Dónde está el museo?
wo (er-)ist der Museum
Wo ist das Museum?

¿Cuándo viene tu hermana?
wann (sie-)kommt deine Schwester?
Wann kommt deine Schwester?

¿qué?	was?	**¿quién?**	wer?
¿cómo?	wie?	**¿dónde?**	wo?
¿adónde?	wohin?	**¿de dónde?**	woher?
¿por qué?	warum?	**¿para qué?**	wofür? / wozu?
¿cuál?	welche(r)?	**¿(desde) cuándo?**	(seit) wann?
¿cuánto?	wie viel?	**¿cuánto tiempo?**	wie lange?
¿cuántos? (*m*)	wie viele?	**¿cuántas?** (*w*)	wie viele?

Etliche Fragewörter sind mit Bindewörtern u. ä. lautlich identisch. Um sie von diesen zu unterscheiden, werden Fragewörter mit einem Akzent geschrieben, die Bindewörter nicht, z. B. ¿cuándo? (wann?), aber cuando (wenn, als).

¿Cuánto vale esta bolsa?
wie-viel (sie-)kostet diese Tasche
Wie viel kostet diese Tasche?

¿Hola, cómo le va?
hallo wie ihm/ihr (es-)geht
Hallo, wie geht es Ihnen?

¿Cuándo llega el bus?
wann (er-)ankommt der Bus
Wann kommt der Bus an?

¿Cómo te llamas?
wie dich (du-)rufst
Wie heißt du?

¿Quién es?
wer (er-/sie-)ist
Wer ist das?

¿Qué es eso?
was (es-)ist dies
Was ist das?

¿Dónde vives?
wo (du-)lebst
Wo wohnst du?

Auffordern & Befehlen

Für die Verneinung der Du-Befehlsform (also für Verbote) benutzt man ebenfalls die Möglichkeitsform, und zwar indem no *(nicht) vor die entsprechende Form der 2. Person Ez. gestellt wird:* ¡No comas tanto! *„Iss nicht so viel!“*

Die Bildung der Befehlsform (Imperativ) ist einfach, wenn man den Ansprechpartner duzt. Dann ist die Befehlsform oft mit der 3. Person Einzahl Gegenwart („er / sie ...“) identisch.

habla	er / sie spricht	**¡habla!**	sprich!
come	er / sie isst	**¡come!**	iss!
vive	er / sie lebt	**¡vive!**	lebe!

¡Habla más alto!
sprich(-du) mehr hoch
Sprich lauter!

¡Come, Francisco!
iss(-du) Francisco
Iss, Francisco!

Wenn dies zu kompliziert erscheint, stelle man no *vor die eigentliche Befehlsform. Dies ist allerdings grammatikalisch nicht ganz korrekt.*

Wird eine Person gesiezt, geht man von der Du-Befehlsform Einzahl aus. Ist deren Endung -a, wird sie durch -e ersetzt; ist sie -e, wird sie durch -a ersetzt. (Im Spanischen ist dies die Möglichkeitsform, genannt subjuntivo).

¡habla! – sprich!	**¡hable!** – sprechen Sie!
¡come! – iss!	**¡coma!** – essen Sie!
¡vive! – leb!	**¡viva!** – leben Sie!

Oft wird der Sie-Befehlsform darüber hinaus noch Usted nachgestellt:

¡Hable Usted!
spreche(-er/-sie) Sie
Sprechen Sie!

¡Coma Usted todo!
esse(-er/-sie) Sie alles
Essen Sie alles!

¡Viva Usted bien!
lebe(-er/-sie) Sie gut
Leben Sie wohl!

Fordert man mehrere Personen zu etwas auf, geht man von der 3.Person Mehrzahl (sie) aus: Die Endung -an wird durch -en ersetzt, und -en wird durch -an ersetzt:

hablan	sie sprechen	**¡hablen!**	sprecht! / sprechen Sie!
comen	sie essen	**¡coman!**	esst! / essen Sie!
viven	sie leben	**¡vivan!**	lebt! / leben Sie!

Unregelmäßige Befehlsformen bilden folgende häufig gebrauchte Verben:

ir(se)	gehen		
¡ve(te)!	geh!	**¡vaya(se)!**	gehen Sie!
dar	geben		
¡da!	gib!	**¡dé!**	geben Sie!
decir	sagen		
¡di!	sag!	**¡diga!**	sagen Sie!
oir	hören		
¡oye!	hör!	**¡oiga!**	hören Sie!
salir	weggehen		
¡sal!	geh weg!	**¡salga!**	gehen Sie weg!

tener	haben		
¡ten!	habe!	**¡tenga!**	haben Sie!
venir	kommen		
¡ven!	komm!	**¡venga!**	kommen Sie!
ver	sehen		
¡ve!	sieh!	**¡vea!**	sehen Sie!

¡Ven aquí!
komm(-du) hier
Komm her!

¡Tome Usted esto!
nehme(-er/-sie) Sie dieses
Nehmen Sie das hier!

Die Sie-Befehlsform wird lediglich mit vorangestelltem no (nicht) verneint:

¡hable!	sprechen Sie!
¡no hable!	sprechen Sie nicht!
¡haga!	machen Sie!
¡no haga!	machen Sie nicht!

Eine Besonderheit ist hier noch zu erwähnen: Werden die gebeugten persönlichen oder die rückbezüglichen Fürwörter in eine Befehlsform eingebaut, so werden sie an diese angehängt (und nicht vorangestellt):

me dice	*mir (er-/sie-)sagt*	er / sie sagt mir
¡dime!	*sag(-du)-mir*	sag mir!
¡dímelo!	*sag(-du)-mir-es*	sag es mir!
se va	*sich (er-/sie-)geht*	er / sie geht weg
¡vete!	*geh(-du)-dich*	geh weg!

Verlaufsform

Die im Spanischen sehr häufig verwendete Verlaufsform ist eine Konstruktion, die in vergleichbarer Form im Deutschen nicht benutzt wird (wohl aber im Englischen). Man bezeichnet damit eine gerade ablaufende Handlung. Die Verlaufsform setzt sich aus der jeweiligen gebeugten Form von estar (sein) und dem unveränderlichen Partizip I (Mittelwort der Gegenwart: z. B. „sprechend“, „essend“) zusammen.

Wie das Partizip II (z. B. „gesprochen“, „gegessen“) wird auch das Partizip I ganz regelmäßig gebildet, indem man die Endung des Infinitivs (Grundform) durch -ando bzw. -iendo ersetzt.

-ar – -ando:	**hablar** sprechen	**hablando** sprechend
-er – -iendo:	**comer** essen	**comiendo** essend
-ir – -iendo:	**vivir** leben	**viviendo** lebend

Ella está escribiendo una carta.
sie (sie-)ist schreibend eine Brief
Sie schreibt gerade einen Brief.

Están saliendo.
(sie-)sind weggehend
Sie sind dabei fortzugehen.

© SW

Kirche El Calvario in León

Bindewörter

Aus der Vielzahl der Bindewörter (Konjunktionen), die Sätze oder Satzteile verknüpfen, seien hier die wichtigsten genannt:

y / o	und / oder
pero	aber
aunque	obwohl
sino	sondern
sin embargo	jedoch
porque	weil
si	wenn, falls; ob
cuando	als, wenn; sobald
como	wie; da
que	dass; welche(-r, -s)

Einige davon haben mehrere Bedeutungen:

Si viene él, yo me quedo.
wenn (er-)kommt er ich mich (ich-)bleibe
Wenn er kommt, bleibe ich hier.

Me pregunto si viene.
mich (ich-)frage ob (er-/sie-)kommt
Ich frage mich, ob er / sie kommt.

Die Funktionen von que sind sehr vielfältig. Es übernimmt die Bedeutung der deutschen Nebensatzeinleitung „dass", tritt aber auch als Relativpronomen „welche(-r, -s)" oder als Vergleichspartikel „als" im Vergleichssatz auf.

Dice que viene pronto.
(er-/sie-)sagt dass (er-/sie-)kommt bald
Er / sie sagt, dass er / sie bald komme.

La mesa que está allí.
die Tisch dass (sie-)ist dort
Der Tisch, der dort steht.

Isabel trabaja mejor que otros.
Isabel (sie-)arbeitet besser als andere
Isabel arbeitet besser als andere.

Vater und Kind mit Fahrrad und Huhn

Verhältniswörter

a	nach, zu
bajo	unter
cerca de	nahe bei
con	mit
contra	gegen
de	von, aus
delante de	vor
dentro de	innerhalb von
desde	von ... aus; seit
detrás de	hinter
en	in, an, auf
entre	zwischen
fuera de	außerhalb von
hacia	gegen, in Richtung
hasta	bis
junto a	neben
para	für
por	wegen; durch; für
sin	ohne
sobre	auf

Die Verhältniswörter (Präpositionen) werden nicht immer bedeutungsgleich wie im Deutschen benutzt. Eine markante Schwierigkeit ist z. B. die Unterscheidung von para und por. Mit para wird ein Zweck, eine Bestimmung oder eine persönliche Ansicht bezeichnet.

Esta hamaca es un regalo para mi hermano.
diese Hängem. (sie-)ist ein Geschenk für mein Bruder
Diese Hängematte ist ein Geschenk
für meinen Bruder.

Para él es una cosa extraordinaria.
für er (es-)ist eine Sache außergewöhnliche
Für ihn ist es eine außergewöhnliche Sache.

Por dient zum einen zur Angabe eines Grundes oder einer Ursache, dann aber auch als Orts- oder Zeitangabe.

Él se queda dentro de la casa por la lluvia.
er sich (er-)bleibt innen von die Haus wg. die Regen
Er bleibt im Haus wegen des Regens.

Viaja por Nicaragua.
(er-/sie-)reist durch Nicaragua
Er / sie reist durch Nicaragua.

Besonders zu beachten ist, dass man beim Ausdruck eines benutzten Verkehrsmittels nicht con (mit) – wie man vom Deutschen her erwarten könnte –, sondern en (in) verwendet:

No vamos en taxi, sino en bus.
nicht (wir-)fahren in Taxi sondern in Bus
Wir fahren nicht mit dem Taxi, sondern mit dem Bus.

Stehen die Verhältniswörter a und de vor dem bestimmten männlichen Artikel el, bilden sie zusammen mit diesem eine neue Form:

a	+	**el**	=	**al**	(zu dem, zum, nach dem)
de	+	**el**	=	**del**	(von dem, vom)

Mit dem weiblichen Artikel (a la / las, de la / as) und mit dem männlichen Artikel Mehrzahl (a los, de los) verschmelzen sie jedoch nicht.

Zahlen & zählen

Im Gegensatz zum Deutschen stellt man die Einer den Zehnern nach, diese wiederum den Hunderten. Uno wird auch bei zusammengesetzten Zahlen vor einem männlichen Hauptwort zu un und vor einem weiblichen Hauptwort zu una. Zwischen Zehner und Einer wird y (und) geschoben. Ausnahmen sind lediglich die zusammengesetzten Zahlen von 21 bis 29.

Grundzahlen

0	**cero**	10	**diez**		
1	**uno**, **un**, **una**	11	**once**		
2	**dos**	12	**doce**	20	**veinte**
3	**tres**	13	**trece**	30	**treinta**
4	**cuatro**	14	**catorce**	40	**cuarenta**
5	**cinco**	15	**quince**	50	**cincuenta**
6	**seis**	16	**dieciséis**	60	**sesenta**
7	**siete**	17	**diecisiete**	70	**setenta**
8	**ocho**	18	**dieciocho**	80	**ochenta**
9	**nueve**	19	**diecinueve**	90	**noventa**

21 **veintiuno, -ún / -una**	31 **treinta y uno, un / una**
22 **veintidós**	32 **treinta y dos**
23 **veintitrés**	33 **treinta y tres**

74 **setenta y cuatro**
85 **ochenta y cinco**
96 **noventa y seis**

Wenn das Zahlwort 100 ohne direkt folgendes Hauptwort steht, heißt es ciento anstatt cien. Ab 200 ist es stets cientos (*m*) bzw. cientas (*w*), je nach Geschlecht des dazugehörigen Hauptwortes. Achtung bei 500 (sehr unregelmäßige Form!), aber auch bei 700 und 900.

100	**cien (ciento)**
101	**ciento uno / un / una**
200	**doscientos / -as**
300	**trescientos / -as**
400	**cuatrocientos / -as**
500	**quinientos / -as**
600	**seiscientos / -as**
700	**setecientos / -as**
800	**ochocientos / -as**
900	**novecientos / -as**

1000	**mil**	2000	**dos mil** (*usw.*)
3000	**tres mil**	10.000	**diez mil**

una hora
eine Stunde
eine Stunde

veintiún libros
zwanzig-und-ein Bücher
21 Bücher

ciento cuarenta y una vacas
hundert vierzig und eine Kühe
141 Kühe

quinientos treinta y tres córdobas
fünfhunderte dreißig und drei Córdobas
733 Córdobas

Die nicaraguanische Währungsbezeichnung córdoba *ist männlichen Geschlechts.*

Ordnungszahlen

Ordnungszahlen verhalten sich wie Eigenschaftswörter. Sie richten sich in Zahl und Geschlecht nach dem dazugehörigen Hauptwort, dem sie in der Regel vorangestellt sind. Die weibliche Form der Ordnungszahl erhält man durch durch die Endung -a statt -o.

primero	erster	**sexto**	sechster
segundo	zweiter	**séptimo**	siebter
tercero	dritter	**octavo**	achter
cuarto	vierter	**noveno**	neunter
quinto	fünfter	**décimo**	zehnter

Bei den Ordnungszahlen primero (erster) und tercero (dritter) entfällt die Endung -o vor männlichen Hauptwörtern.

el primer piso	erster Stock
el segundo piso	zweiter Stock

Es la tercera vez que estoy en Nicaragua.
(es-)ist die dritte Mal dass (ich-)bin in Nicaragua
Es ist das dritte Mal, dass ich in Nicaragua bin.

Bruchzahlen

medio	halb	**un tercio**	ein Drittel
la mitad	die Hälfte	**un cuarto**	ein Viertel

Zeit & Datum

allgemeine Zeitangaben

hoy – mañana	heute – morgen
pasado mañana	übermorgen
ayer	gestern
anoche	gestern Abend
anteayer	vorgestern
por la mañana	morgens
al mediodía	mittags
por la tarde	nachmittags
por la noche	abends/nachts
diariamente	täglich
(más) temprano	früh(er)
(más) tarde	spät(er)
antes – después	vorher – nachher
ya – ya no	schon – nicht mehr
todavía – todavía no	noch – noch nicht
ahora	jetzt
de inmediato, en seguida	sofort, gleich
pronto – luego, entonces	bald – dann
a veces, de vez en cuando	manchmal
muchas veces	oft
siempre – nunca	immer – nie

hace una semana
(es-)macht eine Woche
vor einer Woche

desde ayer
seit gestern
seit gestern

de hoy en tres dias
von heute in drei Tage
in drei Tagen

Uhrzeit

Wendungen wie „am Montag" oder „montags" werden im Spanischen mit dem bestimmten Artikel ausgedrückt.

Zur Angabe der Uhrzeit wird das Verb ser (sein) benutzt. Die Stunde wird immer mit dem bestimmten Artikel genannt; da hora (Stunde) ein weibliches Hauptwort ist, werden jeweils die weiblichen Formen gewählt.

¿Qué hora es?
was Stunde (es-)ist
Wie spät ist es?

¿Qué horas son?
was Stunden (sie-)sind
Wie spät ist es?

Es la una.
(es-)ist die eine
Es ist ein Uhr.

Son las dos.
(sie-)sind die zwei
Es ist zwei Uhr.

Son las tres.
(sie-)sind die drei
Es ist drei Uhr.

In Nicaragua wird die Zeit im 12-Stunden-Rhythmus gemessen. Auf Schriftstücken ergänzt man zur Klarstellung **a. m.** für 00:00 bis 12:00 Uhr bzw. **p. m.** für 12:00 bis 24:00 Uhr. Mündlich fügt man die Tageszeit hinzu:

Beim Datum wird lediglich der erste des Monats als Ordnungszahl angegeben. Alle anderen Tage des Monatswerden mit den Grundzahlen benannt.

... de la mañana
... *von die Morgen*
... morgens

... de la tarde
... *von die Nachmittag*
... nachmittags

... de la noche
... *von die Nacht*
... abends / nachts

Son las seis de la mañana / de la tarde.
(sie-)sind die sechs von die Morgen / von die Nachmittag
Es ist sechs Uhr früh (06:00) / abends (18:00).

las cinco y diez
die fünf und zehn
zehn nach fünf

las dos y media
die zwei und halbe
halb drei

un cuarto para las tres
ein Viertel für die drei
Viertel vor drei

cinco para las ocho
fünf für die acht
fünf vor acht

la una y cuarto
die eine und Viertel
Viertel nach eins

Minuten, Viertelstunden und halbe Stunden werden zu den vollen Stunden mit y *hinzugezählt oder auf die folgende volle Stunde mit* para *(für) bezogen.*

Es mediodía.
(es-)ist Mittag
Es ist zwölf Uhr mittags.

Es medianoche.
(es-)ist Mitternacht
Es ist Mitternacht.

Son las dos en punto.
(sie-)sind die zwei in Punkt
Es ist genau zwei Uhr.

Son las dos y pico.
(sie-)sind die zwei und Spitze
Es ist kurz nach zwei Uhr.

¿A qué hora vienes?
zu was Stunde (du-)kommst
Um wie viel Uhr kommst du?

A las cinco.
zu die fünf
Um fünf.

Wochentage

lunes	Montag	**viernes**	Freitag
martes	Dienstag	**sábado**	Samstag
miércoles	Mittwoch	**domingo**	Sonntag
jueves	Donnerstag	**día feriado**	Feiertag

Nos encontramos el sábado.
uns (wir-)treffen der Samstag
Wir treffen uns am Samstag.

Los lunes muchos museos están cerrados.
die Montage viele Museen (sie-)sind geschlossene
Montags sind viele Museen geschlossen.

Monate & Jahreszeiten

enero	Januar	**julio**	Juli
febrero	Februar	**agosto**	August
marzo	März	**septiembre**	September
abril	April	**octubre**	Oktober
mayo	Mai	**noviembre**	November
junio	Juni	**diciembre**	Dezember

en el mes de julio
in der Monat von Juli
im Monat Juli

en julio
in Juli
im Juli

Die Bezeichnungen für die Jahreszeiten werden stets mit dem Artikel verwendet.

la primavera	Frühling	**el otoño**	Herbst
el verano	Sommer	**el invierno**	Winter

Datum

¿Qué fecha tenemos?
was Datum (wir-)haben
Welches Datum haben wir?

el quince de septiembre
der fünfzehn von September
den 15. September

el primero de octubre de mil novecientos noventa y siete
der erste von Oktober von tausend neunhunderte neunzig und sieben
der 1. Oktober 1997

Nací el seis de mayo ...
(ich-)wurde-geboren der sechs von Mai ...
Ich wurde am 6. Mai ... geboren.

¿Qué día es / tenemos hoy? **Hoy es sábado.**
was Tag (wir-)haben heute *heute (er-)ist Samstag*
Welchen Tag haben wir heute? Heute ist Samstag.

Bei den Jahreszahlen zählt man nicht wie im Deutschen mit Vielfachem von Hundert (z. B. „Neunzehnhundert"), sondern mit mil *(tausend).*

Maße & Mengenangaben

un centímetro	1 cm	**un litro**	1 l
un metro	1 m	**un gramo**	1 g
un kilómetro	1 km	**un kilogramo**	1 kg

un cerro / **un pencazo**	ein Haufen, viel
un puño	ein paar, einige
una mano	fünf Stück (z. B. Früchte)
una contada	zwanzig
una carga	200 amerikan. Pfund (92 kg)

In Nicaragua werden neben dem offiziellen metrischen System auch US-Maßeinheiten benutzt, z. B. pulgada *(Zoll, 2,54 cm),* vara *(Yard, 0,9144 m),* libra *(Pfund, 460 g),* onza *(Unze, 28,35 g) und* un galón *(Gallone, 3,785 l), außerdem die kolonial-spanische Flächeneinheit* manzana *(urspr. genormter Häuserblock, 6987,33 m²).*

© SW

Micro-Bus auf der Insel Ometepe im Nicaragua-See

Kurz-Knigge

Nicaraguaner in Stadt und Land sind den Umgang mit Ausländern gewöhnt. Der Kontakt mit freiwilligen Aufbauhelfern aus der Zeit des revolutionären Sandinismus, die Anwesenheit zahlreicher Entwicklungshilfeorganisationen mit Experten aus aller Welt, die Auslandserfahrung zahlreicher Stipendiaten einerseits und die Abwanderung vieler Nicas nach Miami andererseits weichen traditionelle gesellschaftliche Strukturen auf. Vielleicht gerade deswegen legt man in Nicaragua Wert auf die Einhaltung bestimmter Umgangsformen.

Niemand fällt mit der Tür ins Haus. Man hat stets Zeit für den Austausch von ein paar Grußformeln, bevor man zum eigentlichen Anliegen kommt. Abruptes Verhalten Fremder, vor allem der für nicaraguanische Verhältnisse hünenhaften europäischen Männer, kann ihre Gesprächspartner so nachhaltig verschrecken, dass sie nur noch einsilbig antworten oder gänzlich verstummen.

Man respektiert sich und achtet darauf, dass der Gesprächspartner niemals sein Gesicht verliert. Das bedeutet, dass man direkten Auseinandersetzungen möglichst aus dem Wege geht und eine andere Meinung lieber für sich behält. Sollten Sie bei aller Höflichkeit einen Streit nicht vermeiden können, hüten Sie sich davor, Ihr Gegenüber persönlich zu beleidigen. Er fühlt sich dann in seiner Ehre verletzt und wird es Ihnen nicht verzeihen.

Kritik an Land und Leuten überlassen Sie lieber Ihren einheimischen Gesprächspartnern. Nicas sehen die Verhältnisse im Land durchaus kritisch, aber niemand lässt sich von Zugereisten gern die Leviten lesen, zumal Fremde selten die Zusammenhänge durchschauen.

Pünktlichkeit

Dem Abgott Zeit huldigen die Nicas noch nicht. Geschäftliche Verabredungen, Arbeitszeiten sowie Reisetermine werden zwar meist eingehalten (hora gringa, Gringo-Zeit), doch bei öffentlichen Veranstaltungen, Theatervorstellungen und privaten Verabredungen ist die Uhrzeit eher ein Richtwert, von dem sich niemand unter Druck setzen lässt.

Erscheinung

Wichtig ist die gepflegte Erscheinung. Wer etwas auf sich hält und es sich leisten kann, trägt saubere, gebügelte Kleidung. Körpergeruch ist ebenso verpönt wie Beinbehaarung bei weiblichen Wesen. Auch Ausländer werden zunächst nach ihrem Äußeren beurteilt. Männer in zerfransten Shorts und Sandalen wirken allenfalls lächerlich, Frauen, die keinen Wert auf Anmache legen, sollten unbedingt einen Büstenhalter tragen. Jackett und Krawatte tun sich die Nicas selten an. Man trägt Hemden klimagemäß mit offenem Kragen. Auch die kurzärmelige weiße guayabera gilt als formelle Bekleidung.

Frauen

Im machistischen Nicaragua müssen Sie als Frau damit rechnen, von Ihren männlichen Gesprächspartnern nicht ernst genommen zu werden. Auch die sandinistische Revolution hat die traditionellen Rollen der Geschlechter nicht tiefgreifend verändern können.

Wenn Sie als Frau allein unterwegs sind (und „allein" sind sie hierzulande auch noch als Paar oder Gruppe, solange kein Mann dabei ist), werden sich Ihnen einheimische Machos als Verehrer und Beschützer andienen. Entschiedenes Auftreten weist diese in ihre Grenzen.

Sicherheit

Nicaragua ist das zweitärmste Land der westlichen Hemisphäre. Fast die Hälfte der arbeitsfähigen Bevölkerung ist arbeitslos oder unterbeschäftigt. Arbeitslose erhalten keinerlei staatliche Unterstützung. Ein Großteil der Bevölkerung lebt im Elend. Folglich sind Eigentumsdelikte an der Tagesordnung, vor allem in der Großstadt Managua.

Als Tourist, der für nicaraguanische Verhältnisse ein Vermögen bei sich trägt und die Gepflogenheiten nicht kennt, bieten Sie sich Dieben und Betrügern als leichtes Opfer an. Wenn Sie jedoch ein paar Grundregeln beherzigen, sind Sie nicht gefährdeter als in Köln oder Berlin.

Erkundigen Sie sich beim Hotelpersonal nach der Sicherheit vor Ort. Gehen Sie nachts nicht alleine zu Fuß durch Managua, auch nicht in Gruppen. Tragen Sie keinen goldenen Schmuck oder auch nur Imitate. Zücken

Sie niemals Ihre Geldbörse. Schließen Sie Autotüren und Fenster in der Stadt. Tauschen Sie ihr Geld bei Banken und casas de cambio, nicht auf der Straße. Übernachten Sie nicht am Strand und lassen Sie dort auch tagsüber Ihre Habe nicht unbeaufsichtigt.

Alle Kriminellen sind mit Messer oder Pistole bewaffnet. Sollten Sie Opfer eines Überfalls werden, schützen Sie Leib und Leben am wirkungsvollsten, wenn Sie Ihre Habe widerstandslos abgeben.

Noch immer beherrschen marodierende Banden ehemaliger Soldaten große Gebiete des Nordens. Es ist gefährlich, dort zu trampen, zu wandern oder von den Hauptstraßen abzuweichen.

Erdbeben

An der Pazifikküste Nicaraguas schieben sich zwei Erdschichten übereinander, die „Placa del Caribe" und die „Placa del Coco". Managua ist bereits zweimal (1931, 1972) durch heftige Erdbewegungen völlig zerstört worden. Kleinere Erdstöße sind an der Tagesordnung, richten aber keinen Schaden an.

Sollte der Boden unter Ihren Füßen plötzlich schwanken: Keine Panik! Verlassen Sie Ihre Unterkunft, und warten Sie auf einer freien Fläche, bis das Beben vorüber ist. Meiden Sie die Nähe von Gasflaschen, Stromleitungen, Masten und Bäumen.

Politik

Der Sturz der Somoza-Diktatur 1979 und die anschließenden konfliktreichen Bemühungen um Wiederaufbau des zerstörten Landes haben die nicaraguanische Bevölkerung in hohem Maße politisiert. Einige politische Begriffe aus der damaligen Zeit sind für das Verständnis der Landes bis heute von großer Bedeutung:

compa	Abk. v. **compañero**; Soldat des sandinistischenHeeres
contra	Abk. v. **contrarrevolucionario**; Konterrevolutionär
Cruzada (Cruzada Nacional de Alfabetización)	nationale Alphabetisierungskampagne
Frente Sandinista de Liberación Nacional (FSLN)	sandinistische Befreiungsbewegung / Partei
guardia	Mitglied der Nationalgarde Somozas
Milicias Campesinas	ländliche Alphabetisierungsbrigaden
piñata	widerrechtliche Aneignung öffentlicher Güter; eigentl. ein Spiel an Kindergeburtstagen, bei dem man mit verbundenen Augen mit Süßigkeiten gefüllte Tonfiguren zerschlägt
piñatero	jemand, der sich an öffentlichen Gütern bereichert
recompa	wiederbewaffneter Veteran der sandinistischen Armee
recontra	wiederbewaffneter Veteran der Konterrevolution

Revolución Popular Sandinista	sandinistische Revolution von 1979
rojinegro	ursprünglich: unentgeltliche Gemeinschaftsarbeit, heute: sandinistische Parteifarben
sandinista	Anhänger Sandinos, zur sandinistischen Befreiungsbewegung gehörend
somocista	Anhänger Somozas oder seines Regimes

Namen & Anrede

Wie bei uns orientiert sich die Namensgebung am Zeitgeschmack. Allerdings sind der elterlichen Phantasie keine gesetzlichen Grenzen gesetzt. Ein junger Lenin ist mit hoher Wahrscheinlichkeit Frucht der späten siebziger oder der achtziger Jahre, ein Darling hat anglophile Eltern, ein Jesús fromme.

Im überwiegend katholischen Nicaragua werden die meisten Kinder jedoch auf die Namen der Heiligen getauft. Die beiden Nachnamen setzen sich aus dem jeweils ersten Familiennamen von Vater und Mutter zusammen.

Marco	**Antonio**	**Cuadra**	**Lacayo**
1.Vorname	2. Vorname	Nachname d. Vaters	Nachname d. Mutter

Beide Nachnamen werden nur in Zeitungsberichten, bei Behörden oder bei förmlichen Vorstellungen genannt. Sonst wird der mütterliche Name weggelassen. Verheiratete Frauen fügen ihrem ersten Nachnamen ein **de** und den ersten Nachnamen des Mannes hinzu.

Elvira	**Castaño**	**de**	**Pérez**
Vorname	1. Nachname der Frau	*von*	1. Nachname des Mannes

Typische nicaraguanische Koseformen von Vornamen sind die folgenden:

Tacho	Anastasio	**Moncho**	Ramón
Concha	Concepción	**Beto**	Roberto
Pancho, **Chico**, **Paco**	Francisco	**Chepe**, **Pepe**	José
Chela	Graciela	**Pepa**	Josefa

Wie man sich anspricht

Unbekannten gegenüber benutzt man die förmliche Anrede **señora** für Frauen und **señor** für Männer. Junge Frauen und solche, die dafür gehalten werden wollen, freuen sich in Nicaragua noch immer über die Anrede **señorita**.

Kennt man den Nachnamen, wird er hinzugefügt.

señora Sánchez	Frau Sánchez	**señor Sánchez**	Herr Sánchez
señorita Sánchez	Fräulein Sánchez		

Anonymität ist den Bewohnern des kleinen Landes ein Greuel. Man will wissen, wen man vor sich hat, und zeigen, wer man ist. Schon nach kurzer Bekanntschaft wird auch der Gast mit Vornamen angeredet (zumal unsere Nachnamen dort als Zungenbrecher gelten!).

Ist der Gesprächspartner älter oder sozial höhergestellt, wird doña (für Frauen) und don (für Männer) dem Vornamen vorangestellt.

¡Buenos días, don Humberto! Guten Tag, Don Humberto!

Wollen Sie die Aufmerksamkeit von jemandem erhalten, rufen Sie:

¡Oiga! *höre(-er/-sie)* Hallo, Sie!

Duzen und Siezen

Feste, gesellschaftlich verbindliche Regeln für den Gebrauch von tú *und* vos *gibt es nicht.*

Wenn Sie als Ausländer Ihre Gesprächspartner zu Anfang siezen, machen Sie nichts falsch. Unter gleichaltrigen und sozial etwa gleichgestellten Leuten duzt man sich schnell. Dabei wird anstelle von tú sehr häufig die Form vos benutzt.

tú	du	**usted** (Abk. **Ud.**)	Sie
vos	du	**ustedes** (Abk. **Uds.**)	ihr / Sie (*Mz*)

Begrüßen & verabschieden

Begrüßen

Nicaraguaner leiden nicht unter Berührungsangst. Hierzulande nimmt man sich, auch bei flüchtiger Bekanntschaft, gern in den Arm und küsst sich rechts und links auf die Wange. Männer untereinander äußern ihre Wiedersehensfreude eher mit kräftigem Händedruck oder freundschaftlichem Schulterklopfen.

¡Hola!		Hallo!
¡Buenos días!	*gute Tage*	Guten Tag!
¡Buenas tardes!	*gute Nachmittage*	Guten Tag! (ab 12 Uhr)
¡Buenas noches!	*gute Nächte*	Guten Abend! / Gute Nacht!

Auf jede Grußformel folgt die Frage nach dem jeweiligen Befinden.

¿Cómo está?	*wie (er-/sie-)ist*	Wie geht es Ihnen
¿Qué tal?	*was solches*	Wie geht's?
¿Qué pasó?	*was (es-)passierte*	Wie geht's?

Wie bei uns erwartet man auf diese Frage nur unter Freunden eine ehrliche Antwort. Sonst erwidert man:

(Muy) bien, gracias. **¿Y Usted / tú / vos?**
(Sehr) gut, danke. Und Ihnen / Dir?

Ein freundlicher Gruß auch in Geschäften, Banken, Behörden usw. zeigt Ihrem Ansprechpartner, dass Sie ihn nicht nur als Funktionsträger wahrnehmen. Entsprechend liebenswürdig wird er reagieren. Unterlassen Sie diese Geste, werden sie möglicherweise ignoriert.

Wenn Sie deutlich machen wollen, dass Sie etwas auf dem Herzen haben, antworten Sie:

Más o menos, gracias.
mehr oder weniger, danke
Danke, ganz gut

Pasándola.
verbringend-sie
Mittelprächtig.

Junge Männer begrüßen sich gern mit einem kräftigen Handschlag und der Frage:

¡Hola! ¿Quihubo?
hallo was-es-gab
Hallo,wie geht's?

sich / jemanden vorstellen

nombre (*m*)	Vorname
apellido	Nachname
presentar(se)	(sich) vorstellen

Me llamo...
mich (ich-)rufe...
Ich heiße...

¿Cómo se llama usted?
wie sich (er-/sie-)ruft Sie
Wie heißen Sie?

¿Cómo te llamas?
wie dich (du-)rufst
Wie heißt du?

Quiero presentarle a mi amiga Luísa.
(ich-)will vorstellen(-ihm/-ihr) zu meine Freundin Luísa
Ich möchte Ihnen meine Freundin Luísa vorstellen.

¡Mucho gusto!
viel Gefallen
Sehr erfreut!

¡El placer fue mío!
der Vergnügen (er-)war meins
Es war mir ein Vergnügen!

¡Gusto en conocerlo!
Gefallen in kennen-ihn
Angenehm!

¡El gusto es mío!
der Gefallen (er-)ist meins
Ganz meinerseits.

sich verabschieden

¡Adiós! *zu-Gott* Auf Wiedersehen!
¡Hasta luego! *bis dann* Bis bald!

¡Hasta mañana, si Dios quiere!
bis morgen wenn Gott (er-)will
Bis morgen, so Gott will.

¡Que tenga feliz viaje
dass (er-/sie-)habe glückliche Reise
Gute Reise!

¡Baypués! / ¡Va pués! / ¡Chaupués!
Tschüss!

¡Que te / le vaya (muy) bien!
dass dir / ihm/ihr (es-)gehe (sehr) gut
Alles (alles) Gute!

In baypués *steckt das engl.* bye, *in* chaupués *das italien.* ciao, *jeweils gefolgt von der für Nicaragua sehr typischen „Modalpartikel“* pués, *die man mit „also“, „doch“, „halt“ u. ä. übersetzen kann. Der überaus häufige Gebrauch von* pués *wird oft auf Vorbilder in den indigenen Sprachen Lateinamerikas zurückgeführt.*

Bitten & Danken

bitten

¡Por favor!	*durch Gefallen*	Bitte!
¡Permiso!	*Erlaubnis*	Sie gestatten?
¡Con su permiso!	*mit seiner/ihrer Erlaubnis*	Gestatten Sie?

danken

¡Muchas gracias!	Vielen Dank!
¡Muchísimas gracias!	Ganz herzlichen Dank!
¡Dios se lo pague!	Vergelt's Gott!
¡Gracias, muy amable!	Danke, sehr liebenswürdig!

Auf „danke" antwortet man mit:

¡No hay de qué!	*nicht es-gibt von was*	Bitte!
¡De nada!	*von nichts*	Bitte!
¡A la orden!	*zu die Ordnung*	Gern geschehen!

Wünschen & sich Entschuldigen

wünschen

¡Que tenga suerte!	Viel Glück!
¡Felicidades!	Herzlichen Glückwunsch!
¡Feliz año (nuevo)!	Frohes Neues Jahr!
¡Feliz cumpleaños!	Alles Gute zum Geburtstag!
¡Que te diviertas!	Viel Spaß!

sich entschuldigen

¡Disculpe!
(er-/sie-)verzeihe
Verzeihung!

¡Ay, perdón!
ach Entschuldigung
Oh, Verzeihung!

¡Lo siento (mucho)
es (ich-)fühle (sehr)
Es tut mir (sehr) leid!

¡No era mi intención!
nicht (sie-)war meine Absicht
Es war ein Versehen!

Die Antwort darauf lautet:

¡No tenga pena!
nicht (er-/sie-)habe Mühe
Keine Ursache!

¡No se preocupe!
nicht sich (er-/sie-)sorge
Schon gut!

(Bitten & Danken)

(Wünschen & sich Entschuldigen)

Seine Meinung äußern

Pienso que...	Ich denke, dass...
Creo que...	Ich glaube, dass...
Espero que...	Ich hoffe, dass...
Supongo que...	ich vermute, dass...
Me parece que...	Mir scheint, dass...
Fíjese...	Stellen Sie sich vor...

Fíjese, vea, mira *und* mire *werden oft als Einleitung für eine Erzählung benutzt, während man* creo que *und* me parece que *eher als Antwort auf eine Frage nach der eigenen Meinung verwendet.*

Zustimmen

Den Gesprächspartner der Unwissenheit zu überführen, gilt als ausgesprochen unhöflich. ein gut erzogener Nicaraguaner wird sich stets bemühen, Ihnen beizupflichten, auch wenn es allem besseren Wissen widerspricht.

¡Sí!	Ja!	**¡Está bien!**	Ja, gut!
¡Cómo no!	Auf jeden Fall!	**¡Correcto!**	Richtig!
¡De plano!	Gewiss!	**¡Por supuesto!**	Selbstverständlich!
¡De acuerdo!	Einverstanden.	**¡Va pués!**	Von mir aus.

Ob diese Zustimmung oder auch Zusagen wirklich verbindlich sind, finden Sie erst heraus, wenn es darum geht, sie einzulösen.

Umgangssprachlich drückt man das Ganze so aus:

¡Búfalo!	Phantastisch!
¡Oquey!	Okay!
¡Bárbaro!	Großartig!
¡Pijudo!	Spitzenmäßig!

Ablehnen

Achten Sie darauf, dass ihr Gesprächspartner immer die Möglichkeit hat, sein Gesicht zu wahren.

Man vermeidet so gut es geht, ein Ansinnen rundweg abzulehnen. Manchmal ist eine klare Stellungsnahme jedoch unumgänglich.

No.
Nein.

No estoy de acuerdo.
Ich bin dagegen.

En absoluto.
in absolut
Ganz und gar nicht.

¡Ni quiera Dios!
nicht (er-)wolle Gott
Um Gottes Willen!

¡Dios me libre!
Gott mich (er-)befreie
Da sei Gott vor!

No puede ser.
nicht (es-)kann sein
Das kann nicht sein.

In den Städten gibt es zahllose Kinder und Erwachsene, deren Überleben von der barmherzigkeit ihrer Mitmenschen abhängt. Niemals werden sie von Landsleuten unfreundlich abgewiesen. Man gibt, wenn man kann, andernfalls äußert man sein Bedauern, kein Geld (dabei) zu haben und vertröstet auf morgen.

No ando dinero.
nicht (ich-)gehe Geld
Ich habe kein Geld dabei.

Mañana le daré.
morgen ihm/ihr (ich-)werde-geben
Ich gebe Ihnen morgen etwas.

Lo siento, otro día.
es (ich-)bedauere anderer Tag
Tut mir leid, ein andermal vielleicht.

sich Freuen

Europäer, zumal aus dem Norden, wirken auf Nicas vergleichsweise kühl und abweisend. Hierzulande nimmt man das Leben leichter, lacht gerne und geht herzlich aufeinander zu.

¡Qué gusto verte!
was Freude sehen-dich
Wie schön, dich zu sehen!

¡Me alegra!
mich (es-)freut
Es freut mich!

¡Estoy muy feliz!
(ich-)bin sehr glücklich
Ich bin sehr glücklich!

¡Qué alegría!
was Freude
Was für eine Freude!

¡Me gusta mucho!
mir (es-)gefällt sehr
Es gefällt mir sehr!

¡Tanto tiempo sin verte!
soviel Zeit ohne sehen-dich
Ich habe dich ewig nicht gesehen!

Überrascht / Erstaunt sein

¡Qué sorpresa!	*was Überraschung*	Na so was!
¡No me diga!	*nicht mir (er-/sie-)sage*	Was Sie nicht sagen!
¿De veras?	*von wahre*	Wirklich?

Umgangssprachlich klingt das dann so:

¡Híjole!		Mensch!
¡Miércoles!	*Mittwoch*	Schiete!
¡Qué bárbaro!	*was barbarisch*	Sagenhaft!
¡Epa!		Hoppla!
¡Hijo 'e p!	*Hurensohn*	Ach, du Scheiße!
¡Púchica!		Ach, du meine Güte!

gleichgültig sein

No me importa.
nicht mir (es-)bedeutet
Das ist mir egal.

¿Y qué?.
und was
Na und?

Me vale verga.
mich (es-)ist-wert Schwanz
Das ist mir schnurz.
(sagen Männer)

Me vale pija.
mich (es-)ist-wert Schwanz
Das ist mir schnurz.
(sagen Frauen)

Zweifeln

No se lo creo.
nicht ihm/ihr es (ich-)glaube
Das glaube ich nicht.

¡No puede ser!
nicht (es-)kann sein
Das kann nicht sein!

Lo dudo.
es (ich-)bezweifle
Das bezweifle ich.

An der Grenze

aduana	Zoll	**frontera**	Grenze
boleto	Flugticket	**migración**	Einwanderungsbehörde
declarar	verzollen	**pasaporte** *(m)*	Reisepass
equipaje *(m)*	Gepäck	**visa**	Visum

No tengo nada que declarar.
nicht (ich-)habe nichts dass verzollen
Ich habe nichts zu verzollen.

No encuentro la llave.
nicht (ich-)finde die Schlüssel
Ich finde den Schlüssel nicht.

Necesito una visa para tres semanas.
(ich-)brauche eine Visum für drei Wochen
Ich brauche ein Visum für drei Wochen.

Das erste Gespräch

Länder und Nationalitäten

alemán / alemana	deutsch, Deutsche/-r
Alemania	Deutschland
Austria	Österreich
austríaco/-a	österreichisch, Österreicher/-in
costarricense (*m/w*)	Costaricaner/-in
Estado Unidos	USA
estadounidense	US-amerikanisch, US-Amerikaner/-in
hondureño/-a	Honduraner/-in
Rusia	Russland
ruso/-a	russisch, Russe/-in
Suiza	Schweiz
suizo/-a	schweizerisch, Schweizer/-in

Und umgangssprachlich:

catracho/-a	Honduraner/-in
chapín / chapina	Guatemalteke/-in
guanaco/-a	Salvadoraner/-in
tico/-a	Costaricaner/-in
nica (*m/w*)	Nicaraguaner/-in

Städte

Berlín	Berlin	**Moscú**	Moskau
Colonia	Köln	**Múnich**	München
Ginebra	Genf	**Viena**	Wien
Hamburgo	Hamburg		

¿De dónde es Usted?
von wo (er-/sie-)ist Sie
Woher sind Sie?

Soy alemana.
(ich-)bin Deutsche
Ich bin Deutsche.

¿Le gusta Nicaragua?
ihm/ihr (sie-)gefällt Nicaragua
Gefällt Ihnen Nicaragua?

Sí, me gusta mucho.
ja mir (sie-)gefällt sehr
Ja, es gefällt mir sehr.

¿Cómo se llama Usted?
wie sich (er-/sie-)ruft Sie
Wie heißen Sie?

Me llamo Alexander Schwarz.
mich (ich-)rufe A. Sch.
Ich heiße Alexander Schwarz.

Soy turista.
(ich-)bin Tourist
Ich bin Tourist.

Habla bien el español.
(er-/sie-)spricht gut der Spanisch
Sie sprechen gut Spanisch.

¿Lleva mucho tiempo en Nicaragua?
(er-/sie-)trägt viel Zeit in Nicaragua
Sind Sie schon lange in Nicaragua?

Sólo dos semanas.
nur zwei Wochen
Erst seit zwei Wochen.

¡Hable más lento, por favor!
spreche(-er/-sie) mehr langsam durch Gef.
Sprechen Sie bitte langsamer!

Trabajo en Estelí.
(ich-)arbeite in Estelí
Ich arbeite in Estelí.

Berufe

abogado/-a – afanadora	Anwalt – Hausangestellte
cambista – campesino/-a	Geldwechsler – Bauer
carpintero/-a – china	Tischler – Kindermädchen
chófer, conductor – cocinero/-a	Fahrer – Koch
costurero/-a – cura	Schneider – Pfarrer
dentista – director ejecutivo	Zahnarzt – Geschäftsführer
empleado/-a – estudiante	Angestellter – Schüler
estudiante universitario	Student

ingeniero/-a – lavacarros	Ingenieur – Autowäscher
licenciado/-a – limpiabotas	Akademiker – Schuhputzer
médico/-a – policía	Arzt – Polizist
profesor/-a – secretaria	Lehrer – Sekretärin
profesión	Beruf

¿Cuál es su profesión?
welcher (er-)ist sein/ihr Beruf
Was sind Sie von Beruf?

Yo soy carpintero.
ich bin Schreiner
Ich bin Schreiner.

Studienfächer

administración	Verwaltung	**idiomas**	Sprachen
contabilidad	Buchhaltung	**informática**	Informatik
belleza	Kosmetik	**medicina**	Medizin
ciencias agrícolas	Landwirtschaft	**química**	Chemie
historia	Geschichte	**sociología**	Soziologie

¿Qué estudias?
was (du-)studierst
Was studierst du?

Estudio sociología en la universidad de Marburgo.
(ich-)studiere Soziologie in die Universität von Marburg
Ich studiere Soziologie in Marburg.

Wetter und Unwetter

In Nicaragua gibt es zwei Jahreszeiten: Sommer / Trockenzeit (verano, von November bis Ende April) und Winter / Regenzeit (invierno, von Anfang Mai bis Ende Oktober). Da die Mehrheit der Bevölkerung nicht in stabilen

Häusern lebt und ungünstige Wetterbedingungen zu Versorgungsengpässen oder gar Hungersnot führen können, ist das Wetter für das Wohlbefinden ein entscheidender Faktor.

calor	Hitze	**sequía**	Dürre
huracán	Wirbelsturm	**sol**	Sonne
inundación	Überschwemmung	**temblor**	Erdstoß
invierno	Winter	**terremoto**	Erdbeben
llover	regnen	**tiempo**	Wetter
lluvia	Regen	**tormenta**	Unwetter
nube (*w*)	Wolke	**trueno**	Donner
paraguas (*m*)	Regenschirm	**verano**	Sommer
rayo	Blitz	**viento**	Wind

Hace calor
(es-)macht Hitze
Es ist heiß.

Hace frío.
(es-)macht Kälte
Es ist kalt.

Hace mucho viento.
(es-)macht viel Wind
Es ist sehr winding.

Va a llover
(es-)geht zu regnen
Es wird regnen.

Tengo frío.
(ich-)habe kalt
Ich friere.

Zu Gast sein

Seien Sie nicht enttäuscht, wenn Sie niemals in ein nicaraguanisches Heim eingeladen werden. Zwar sind die Nicas sehr gastfreundlich, doch sie wissen, dass der Lebensstandard bei uns viel höher ist. Deswegen fürchten sie, Ihnen, dem für hiesige Verhältnisse so wohlhabenden Besucher aus der nördlichen Hemisphäre, nicht genug Komfort bieten zu können. Sollten Sie allerdings verwandtschaftliche Beziehungen knüpfen, bleiben Einladungen nicht aus.

¡Pase adelante!
gehe(-er/-sie) vorwärts
Treten Sie ein!

¡Venga!
komme(-er/-sie)
Kommen Sie herein!

¡Siéntese, por favor!
setzen(-er/-sie)-sich durch Gefallen
Setzen Sie sich, bitte.

¿Qué se le ofrece?
was sich ihm/ihr (es-)anbietet
Was möchten Sie trinken?

Un vaso de agua, por favor.
ein Glas von Wasser durch Gefallen
Ein Glas Wasser, bitte.

¡Salud!
Gesundheit
Zum Wohl!

La comida es muy rica
die Essen (sie-)ist viel reiche
Das Essen ist sehr gut.

Muchas gracias por la invitación.
viele Danke wegen die Einladung
Vielen Dank für die Einladung.

No quiero quitarle más tiempo.
nicht (ich-)will wegnehmen-ihm/-ihr mehr Zeit
Ich will Ihre Zeit nicht zu lange in Anspruch nehmen.

Die Familie

Eine Trennung der Generationen wie bei uns ist in Nicaragua nicht üblich. Bei den Armen (also der Mehrheit) lebt die Großfamilie meist in einem Raum zusammen, der bestenfalls durch Vorhänge unterteilt ist. Bei der Mittel-

und Oberschicht wohnt die engere Verwandtschaft meist in einem gemeinsamen Haus oder in der unmittelbaren Nachbarschaft.

abuela	Großmutter	**mamá, madre**	Mutter
abuelo	Großvater	**marido**	Lebensgefährte
abuelos	Großeltern	**matrimonio**	Ehe
casado	verheiratet	**nieta**	Enkelin
chavala	kl. Mädchen	**nieto**	Enkel
chavalo	kl. Junge	**novia**	feste Freundin
chigüín	Kleinkind	**novio**	fester Freund
comadre	Patin	**papá, padre**	Vater
compadre	Pate	**padres**	Eltern
convivio	Familienfest	**piñata**	Kinderfest
esposa	Ehefrau	**prima**	Cousine
esposo	Ehemann	**primo**	Cousin
familia	Familie	**sobrina**	Nichte
hermana	Schwester	**sobrino**	Neffe
hermano	Bruder	**soltero**	ledig
hermanos	Geschwister	**suegra**	Schwägerin
hijo	Tochter	**suegro**	Schwager
hijo	Sohn	**tía**	Tante
hijos	Kinder	**tío**	Onkel

Frauenbeziehungen und die Anzahl der Kinder gelten als Beweis für Manneskraft. Die Versorgung des Nachwuchses wird jedoch besonders in der Unterschicht meist den Frauen überlassen. Solange sich ein Mann bei der Familie aufhält, wird er als Haushaltsvorstand akzeptiert. Ein Paradies für Machos!.

¿Está Usted casada?
(sie-)ist Sie verheiratete
Sind Sie verheiratet?

Sí, estoy casada.
ja (ich-)bin verheiratete
Ja, ich bin verheiratet.

¿Cuántos hijos tiene?
wieviele Kinder (sie-)hat
Wieviele Kinder haben Sie?

No tengo hijos.
nicht (ich-)habe Kinder
Ich habe keine Kinder.

Vivo en la casa de mis padres.
(ich-)lebe in die Haus von meine Eltern
Ich wohne bei meinen Eltern.

Zwischenmenschliches

Anmache

Ein echter Macho lässt in Nicaragua kein hübsches weibliches Wesen unbemerkt vorbeigehen. Mit Sprüchen, die je nach Phantasie und Sprachgefühl manchmal sogar poetisch sind, zollt er der weiblichen Schönheit Beifall.

¡Hola, cosita linda!
hallo Sächelchen schönes
Hallo, Süße!

¡Cosa más preciosa!
Sache meist kostbar
Tolle Frau!

¡Mamacita, qué guapa que estás!
Mamilein was hübsch dass (du-)bist
Mensch, du bist umwerfend hübsch.

¡Sos una reina, mi amor!
(du-)bist eine Königin meine Liebe
Du bist meine Herzenskönigin.

Corazoncito, me tenés hechizado!
Herzchen mich (du-)hältst verzaubert
Schatz, du hast mir den Kopf verdreht.

¡Sos la estrella más brillante del firmamento!
(du-)bist die Stern meist glänzend von-der Firmament
Du bist der strahlendste Stern am Himmelszelt!

Abwehr

Wird Ihr Verehrer gar zu lästig, erwehren Sie sich ihm mit:

¡Por favor, respéteme!
durch Gefallen respektiere(-er)-mich
Benehmen Sie sich bitte anständig!

¡No me andes molestando!
nicht mich (du-)gehest störend
Lass mich endlich in Ruhe!

Ein definitives Nein zementieren Sie durch:

¡Me caes mal!
mir (du-)fällst schlecht
Ich mag dich nicht!

Koseworte

amor, amorcito	*Liebe, Liebchen*	Schatz, Schätzchen
cariño	*Zärtlichkeit*	Liebling
corazón	*Herz*	mein Herz

mi reina	*meine Königin*	mein Augenstern
mi rey	*mein König*	mein Herzallerliebster
muñeca	*Puppe*	mein Püppchen

Liebe

abrazar	umarmen	**celoso**	eifersüchtig
amor	Liebe	**enamorar**	den Hof machen
bailar	tanzen	**enamorarse**	sich verlieben
bello / **guapo**	schön / hübsch	**invitar**	einladen
besar	küssen	**pareja**	Paar
beso	Kuss	**paseo**	Spaziergang
cariñoso	zärtlich	**querer, amar**	lieben

Wenn Ihnen ein Mädchen gefällt, versichern Sie sich, dass niemand seine Besitzrechte geltend macht. Schon ein Blick zuviel auf eine fremde Braut kann deren männlichen Begleiter in seinem Stolz verletzen und veranlassen, von Ihnen Rechenschaft zu fordern.

¿Bailamos?
(wir-)tanzen
Willst du mit mir tanzen?

Quiero salir a bailar contigo.
(ich-)will ausgehen zu tanzen mit-dir
Ich möchte mit dir tanzen gehen.

Me gustas.
mir (du-)gefällst
Du gefällst mir.

¡Qué linda te ves!
was hübsch dich (du-)siehst
Hübsch siehst du aus!

Te quiero.
dich (ich-)liebe
Ich liebe dich.

Sex und die Folgen

Der starke Einfluss der katholischen Kirche hat in Nicaragua zwar die Verbreitung von AIDS nicht verhindern können, wohl aber eine umfassende sexuelle Aufklärung. So wird die Gefahr der Ansteckung häufig auf die leichte Schulter genommen, und auch Frauen ohne Kinderwunsch wissen häufig zu wenig, um systematisch Empfängnisverhütung zu betreiben.

Jungfräulichkeit gilt noch immer als Schatz, den junge Mädchen zu hüten haben. Sex ohne Trauschein bedeutet für sie die gesellschaftliche Ächtung. Abtreibung ist verboten und wird mit Gefängnis bestraft.

aborto	Abtreibung
abuso sexual	sexueller Missbrauch
acostarse con alguien	mit jmd. schlafen
anticonceptivo	Verhütungsmittel
condón, preservativo	Kondom
embarazo	Schwangerschaft
hacer el amor	Liebe machen
homosexual	Homosexueller
lesbiana	Lesbe
menstruación, regla	Menstruation
motel, auto hotel	Stundenhotel
prostíbulo, burdel	Bordell
prostituta, puta	Hure
SIDA	AIDS
violación	Vergewaltigung
virgen	Jungfrau

Umgangssprachlich: cohete, verga, turca, picha *(Schwanz);* mariposa, pato, cochón *(Schwuler);* cachimba, bicho, mico, papaya, chunche *(Möse).*

Unterwegs

... in der Stadt

Ein Zentrum sucht man in der Großstadt Managua vergebens. Die Stadt besteht aus einer Ansammlung niedriger Häuser (Erdbebengefahr!) oder Baracken, unterbrochen von großen Flächen Brachland. Rund um den Regierungspalast weiden zur Regenzeit Kühe.

Schier zur Verzweiflung bringt es die auswärtigen Besucher, wenn Nicas wie selbstverständlich Bezugspunkte angeben, die seit dem Erdbeben von 1972 für immer aus dem Stadtbild verschwunden sind.

Sich hier zurecht zu finden, erfordert Mut und Orientierungsvermögen. Gute Stadtpläne fehlen, Straßennamen, soweit vorhanden, ändern sich mit jeder neuen Regierung, Hausnummern sind selten. Die Lagebeschreibung von Behörden, Geschäften, Restaurants usw. orientiert sich in Managua an über 100 Referenzpunkten, die man einfach kennen muss. Das können Ampelkreuzungen sein oder Statuen, Geschäfte oder Gebäude.

In allen anderen Ortschaften des Landes ist die Orientierung hingegen unproblematisch.

ahí nomasito	gleich hier	**cerca**	nah
largo	lang (Weg)	**lejos**	weit (entfernt)
al lado de, contiguo a	neben	**donde fue ...**	wo (vor 1972) ... war
¿dónde?	wo?	**recto**, **derecho**	geradeaus
detrás de	hinter	**delante de**	vor
al oeste	nach Westen	**al este**	nach Osten
al norte	nach Norden	**al sur**	nach Süden

a mano izquierda
zu Hand linke
nach links

a mano derecha
zu Hand rechte
nach rechts

asentamiento	(nachlegalisierte) Ansiedlung
barrio	Stadtviertel
baypás	Umgehungsstraße
calle (*w*)	Straße
centro	Zentrum
cruce (*m*)	Kreuzung
cuadra	Häuserblock
dupla	Allee mit zentr. Grünstreifen
esquina	Ecke
lago	See
malecón	Uferpromenade
mercado	Markt
para allacito	ein Stückchen nach dorthin
parque central	Platz im Zentrum
puente (*m*)	Brücke
semáforo	Ampel
tope (*m*)	Ende

Die Leute sind gerne bereit, Ihnen mit anschaulichen Handzeichen den Weg zu weisen. Aber auch wer Ihr Ziel nicht kennt, wird Ihnen aus Höflichkeit eine vage Auskunft geben, statt Unkenntnis einzugestehen. Am besten ist es, wenn Sie sich mehrfach erkundigen.

In Managua orientiert man sich auch nach Sonnenaufgang, Sonnenuntergang und nach dem See:

abajo	nach Sonnenuntergang (Westen)
arriba	nach Sonnenaufgang (Osten)
al lago	zum See hin

De Canal Dos media cuadra al lago y 120 varas abajo
von Kanal Zwei halbe Block zum See und 120 Yards hinunter
Vom Kanal Zwei einen halben Block nördlich und 120 Yards westlich.

No conozco el Canal Dos.
nicht (ich-)kenne der Kanal Zwei
Ich kenne den Kanal Zwei nicht.

Disculpe, ¿dónde queda el Hotelito?
entschuldige(-er/-sie) wo (er-)bleibt der Hotelchen
Entschuldigung, wo ist das Hotelito?

¿Hay un restaurante aquí cerca?
es-gibt ein Restaurant hier nah
Ist hier ein Restaurant in der Nähe?

¿A qué distancia está el mercado?
zu was Entfernung (er-)ist der Markt
Wie weit ist es bis zum Markt?

De aquí a dos cuadras.
von hier zu zwei Blocks
Zwei Querstraßen weiter.

¿Oíste?
(du-)verstandest
Hast du verstanden?

¿Oyó?
(er-/sie-)verstand
Haben Sie verstanden?

... mit dem Flugzeug

abordar	an Bord gehen	**equipaje** (*m*) **de mano**	Handgepäck
aeromoza	Stewardess	**pasajero**	Passagier
aeropuerto	Flughafen	**pasillo**	Gang
aterrizar	landen	**pesar**	wiegen
avión	Flugzeug	**puerta**	Tür, Ausgang

boleto	Ticket	**salida de emergencia**	Notausgang
cancelar	(Flug) streichen	**ventana**	Fenster
despegar	starten	**vuelo**	Flug

Quisiera comprar un boleto a Bluefields.
(ich-)würde-wollen kaufen ein Ticket nach B.
Ich möchte ein Ticket nach Bluefields kaufen.

Inlandsflüge sind preiswerter als bei uns und können auch kurzfristig gebucht werden. Unbedingt rechtzeitig den Rückflug bestätigen!

¿A qué hora tenemos que estar en el aeropuerto?
zu welcher Stunde (wir-)müssen dass sein in der Flughafen
Wann müssen wir am Flughafen sein?

¿Dónde puedo confirmar el vuelo?
wo (ich-)kann bestätigen der Flug
Wo kann ich den Flug bestätigen?

Mi maleta no ha llegado.
mein Koffer nicht (er-)hat angekommen
Mein Koffer ist nicht angekommen.

... mit dem Bus

Busse oder zu Bussen umfunktionierte Lastwagen fahren überall da, wo es Straßen gibt. In Stoßzeiten sind die Nahverkehrsmittel hoffnungslos überfüllt. Privatunternehmen setzen zusätzlich die Ladeflächen ihrer Lieferwagen zum Personentransport ein. Trampen ist durchaus üblich. Allerdings wird eine Fahrtkostenbeteiligung erwartet.

Bequeme Überlandbusse sind die expresos *und die* microbuses, *die ohne Zwischenstopp zum Ziel fahren. Sie sind etwas teurer, aber dafür hat man einen Sitzplatz.*

asiento	Sitzplatz
boleto	Fahrkarte
expreso	Schnellbus
horario	Fahrplan
interurbano	Überland-
microbús	Kleinbus
parada	Haltestelle
raid (*m*)	Mitfahrgelegenheit
ruta	Linie
terminal de buses	Busbahnhof
urbano	Stadtverkehr-

¿Este bus va para el Huembes?
dieser Bus (er-)geht für der Huembes
Fährt dieser Bus zum Huembes-Markt?

¿Cuánto vale el pasaje?
wieviel (er-)kostet der Überfahrt
Was kostet die Fahrt?

¿Cuánto dilata este bus para León?
wieviel (er-)verzögert dieser Bus für León?
Wie lange braucht der Bus nach León?

¿Dónde está la terminal de buses?
wo (sie-)ist die Endstation von Busse
Wo ist der Busbahnhof?

¿A qué hora sale el bus para Granada?
um was Zeit (er-)abfährt der Bus für Granada
Wann fährt der Bus nach Granada?

... mit dem Taxi

Zur Gilde der Taxichauffeure zählen die kühnsten Fahrer des Landes. Ihr wagemutiger Fahrstil und der meist miserable Zustand der Fahrzeuge machen die Fahrt zum Abenteuer. Dafür sind die Taxen billig.

Im Stadtgebiet gelten feste Tarife, die sich nach der Anzahl der Fahrgäste richten. Für Fahrten außerhalb muss man den Preis vorher vereinbaren.

despacio	langsam	**rápido**	schnell
excursión	Ausflug	**taxi** (*m*)	Taxi
precio	Preis	**viaje** (*m*)	Reise, Fahrt

Lléveme al Teatro Rubén Darío, por favor.
bringe(-er/-sie)mich zum Theater R. D. durch Gef.
Fahren Sie mich bitte zum Rubén-Darío-Theater.

¿Por cuánto me lleva al centro?
durch wieviel mich (er-/sie-)bringt zum Zentrum
Was kostet die Fahrt zum Zentrum?

¿No tiene sencillo?
nicht (er-/sie-)hat einfach
Haben Sie es nicht klein?

... mit dem Leihwagen

Autos kann man nur in Managua mieten (eventuell Vorbestellung nötig). Überlandstraßen sind oft schlecht; für Fahrten außerhalb der Stadt empfiehlt sich Vierradantrieb.

Theoretisch gelten die internationalen Verkehrsregeln. Vergessen Sie's! Zu viele fahren nach Gutdünken, besonders Busse und Last-

Autos mieten können Personen, die älter als 21 Jahre sind, und die Führerschein (heimisch oder international) und Kreditkarte ihr eigen nennen.

Eine Sonderregelung, die Sie beachten sollten: unmittelbarer Spurwechsel nach dem Abbiegen ist strafbar!

wagen. Außerdem versperren allerlei Hindernisse unvermutet die Fahrbahn: Steine, unbeleuchtete Fahrzeuge, Kühe und, besonders am Wochenende, betrunkene Fahrer und Fußgänger. Wenn Sie immer gut aufpassen, kann das Autofahren aber sogar Spaß machen, denn hier fährt man weder hektisch noch aggressiv.

adelantar	überholen	**parquear, estacionar**	parken
alquilar	mieten	**parqueo**	Parkplatz
camioneta	Lieferwagen	**peatón**	Fußgänger
carretera	Landstraße	**¡Precaución!**	Achtung!
carro	Auto	**policía de tránsito**	Verkehrspolizei
cuidar	bewachen	**rent-a-car**	Autovermietung
doblar	abbiegen	**seguro**	Versicherung
doble tracción	Vierradantrieb	**semáforo**	Ampel
hueco, bache (*m*)	Schlagloch	**tarjeta de crédito**	Kreditkarte
		velocidad	Geschwindigkeit
llave (*w*)	Schlüssel	**licencia de conducir**	Führerschein

Quisiera alquilar un carro de doble tracción.
(ich-)würde-wollen mieten ein Auto von doppelter Antrieb
Ich möchte ein Auto mit Vierradantrieb mieten.

¿Cuál es el precio?
welcher (er-)ist der Preis
Was kostet das?

¿Está asegurado?
(er-)ist versichert?
Ist es versichert?

Wo auch immer in Managua Sie Ihr Auto abstellen, wird sich jemand anbieten, gegen ein kleines Entgelt darauf aufzupassen. Nehmen

Sie das Angebot an. Zum einen haben die „Wächter" kein anderes Einkommen, zum anderen ist Diebstahl von Autos oder Autoteilen an der Tagesordnung.

¿Le cuido el carro?
ihm/ich (ich-)bewache der Wagen
Soll ich auf Ihr Auto aufpassen?

Sí, cuídelo, por favor.
ja bewache(-er/-sie)-es durch Gefallen
Ja, passen Sie bitte auf!

tanken

Bleifreies Benzin wird an fast allen Tankstellen angeboten. Außerdem gibt es Super und Diesel. Die Benzinversorgung ist auch auf dem Land gut. Tankwarte werden schlecht bezahlt und freuen sich über ein Trinkgeld.

aceite (*m*)	Öl	**lleno, ful**	voll
agua	Wasser	**gasolina**	Benzin
aire (*m*)	Luft	**gasolinera**	Tankstelle
batería	Batterie	**sin plomo**	bleifrei
presión de las llantas		Reifendruck	

¿Dónde queda la próxima gasolinera?
wo (sie-)bleibt die nächste Tankstelle
Wo ist die nächste Tankstelle?

Lleno, por favor.
voll durch Gefallen
Voll, bitte.

Revíseme las llantas, por favor.
überprüfe(-er/-sie)-mir die Reifen durch Gefallen
Bitte prüfen Sie den Reifendruck.

La batería está baja.
die Batterie (sie-)ist niedrige
Die Batterie ist schwach.

Panne / Unfall

accidente (*m*)	Unfall	**hospital** (*m*)	Klinik
arrancar	anspringen	**llanta**	Reifen
arranque	Anlasser	**mofle** (*m*)	Auspuff
ayuda, auxilio	Hilfe	**motor**	Motor
bómper	Stoßstange	**parabrisa** (*m*)	Windschutzscheibe
breque (*m*), **freno**	Bremse	**pidevía** (*m*)	Blinker
brequear, frenar	bremsen	**pito**	Hupe
caja de cambios	Getriebe	**poncharse**	(Reifen) platzen
chispero	Zündkerze	**remolcar**	abschleppen
desatornillador	Schraubenzieher	**tubo**	Schlauch
filtro	Filter	**taller**	Werkstatt
gata	Wagenheber	**tenaza**	Zange
herido	verletzt	**válvula**	Ventil

Repáreme esta llanta, por favor.
repariere(-er/-sie)-mir diese Reifen durch Gefallen
Flicken Sie mir bitte den Reifen.

El carro no arranca.
der Wagen nicht (er-)startet
Der Wagen springt nicht an.

Los frenos no funcionan.
die Bremsen nicht (sie-)funktionieren
Die Bremsen funktionieren nicht.

Tuve un accidente.
(ich-)hatte ein Unfall
Ich hatte einen Unfall.

¿Dónde hay un taller?
wo (es-)hat ein Werkstatt
Wo gibt es eine Werkstatt?

No ando gata.
nicht (ich-)gehe Katze
Ich habe keinen Wagenheber.

Me aventajó.
mich (er-)übervorteilte
Er hat mir die Vorfahrt genommen.

Llame al tránsito, por favor.
rufe(-er/-sie) zum Verkehr durch Gefallen
Rufen Sie bitte die Verkehrspolizei!

Auf dem Lande

Der zweitgrößte Binnensee des Kontinents, in dem sich die einzigen Süßwasserhaie der Welt tummeln, baumbesäumte Flussläufe, Urwald, Einblick in atemberaubende Krater, unendliche Sandstrände, Papageien und Riesenechsen fast in Griffweite, sowie die freundliche Bevölkerung können Reisenden faszinierende Erlebnisse bieten.

Landschaft

Nicaragua bezieht seine Devisen zum großen Teil aus dem Verkauf landwirtschaftlicher Produkte. Die wichtigsten Exportgüter sind Kaffee, Baumwolle, Bananen, Zucker, Zitrusfrüchte, Tabak, Holz und Fleisch.

bosque *(m)*	Wald	**monte** *(m)*	Brachland, Buschland
caminar	laufen, wandern	**orilla**	Ufer
campo	Land (ländlicher Raum)	**parque** *(m)* **nacional**	Nationalpark
cráter	Krater	**poblado**	Dorf

crique (*m*)	Bach	**potrero, pasto**	Weide
isla	Insel	**puente** (*m*)	Brücke
medio ambiente (*m*)	Umwelt	**río**	Fluss
montaña	Gebirge	**selva**	Urwald

Landwirtschaft

Ein Teil des Großgrundbesitzes wurde während der Landreform unter der sandinistischen Regierung an die Landbesitzer verteilt, auf Grund mangelnder Kredite oder Kenntnisse von diesen inzwischen jedoch wieder an die ehemaligen Besitzer zurückverkauft. Krieg, Blockade, Naturkatastrophen und immer noch ungeklärte Eigentumsverhältnisse (Rückforderung der ehemaligen Großgrundbesitzer) haben die Kleinbauern in bittere Armut gestürzt.

abigeato	Viehdiebstahl
aserrío	Sägewerk
cafetalero	Kaffeebauer
campesino	Bauer
carreta	Karren
cooperativa	Genossenschaft
corte (*m*)	Kaffee- bzw. Baumwollernte
chagüite (*m*)	Bananenplantage
cultivar	anbauen
erosión	Erosion
ganado	Vieh
ingenio	Zuckerverarbeitungsbetrieb
machete (*m*)	großes Allzweckmesser
madera	Holz
milpa	Maisfeld, Bohnenfeld
planta	Pflanze
rancho	Haus mit Palmdach, Landgut
sequía	Trockenheit
trapiche (*m*)	Zuckerpresse
zafra	Zuckerrohrernte

häufig angebaute Nutzpflanzen

achiote	Orleansstrauch	**frijoles** (*m, Mz*)	rote Bohnen
ajonjolí (*m*)	Sesam	**guineo**	Bananenstaude
algodón	Baumwolle	**maíz** (*m*)	Mais
arroz (*m*)	Reis	**mango**	Mango
bambú (*m*)	Bambus	**marañón**	Cashew-Baum
café	Kaffee	**sorgo**	Hirse
caña	Zuckerrohr	**tabaco**	Tabak
cítricos	Zitrusgewächse		

Bäume & Sträucher

avispa	Hibiskus
caoba	Mahagoni
ceiba	Wollbaum, Kapok
chilamate (*m*)	ind. Banyanbaum
coco	Kokospalme
jícaro	Kalebassenbaum
llama del bosque	afrikan. Tulpenbaum
malinche (*m*)	Flamboyant
poro-poro	Butterblumenbaum
sacuanjoche (*m*)	Frangipani (Nationalbaum)
trinitaria	Bougainvillea

Haustiere

animal (*m*)	Tier	**caballo**	Pferd
buey (*m*)	Ochse	**chompipe** (*m*)	Truthahn
chancho	Schwein	**vaca**	Kuh

Wildtiere

coyote (*m*)	Koyote	**mono congo**	Brüllaffe
cusuco	Gürteltier	**mono capuchino**	Kapuzineräffchen
danta	Tapir	**perezoso**	Faultier
guatusa	Aguti	**tepescuintle** (*m*)	Paka
jaguar, tigre (*m*)	Jaguar	**veda**	Schonzeit
mapachín	Waschbär	**venado**	Hirsch
chancho de monte (*m*)			Wildschwein, Pekari

Vögel

cormorán	Kormoran	**lapa**	Ara
chocoyo	Elfenbeinsittich	**oropéndola**	Trupial
garza	Reiher	**tucán**	Tukan
guardabarranco	Motmot (Nationalvogel)	**zopilote**	Geier

Insekten & Spinnentiere

alacrán	Skorpion	**chinche** (*m*)	Wanze
araña	Spinne	**garrapata**	Zecke
coloradilla	Grasmilbe	**matacaballo**	Vogelspinne
cucaracha	Kakerlake	**pulga**	Floh
comején	Termite	**zompopo**	Blattschneiderameise
chicharra	Zikade	**zancudo, mosquito**	Stechmücke

zu Wasser

Im Land der zwei Meere, der Binnenseen und Wasserläufe sind viele Orte nur mit Schiffen (oder Flugzeug) zu erreichen. Die Abfahrtzeiten der meist malerischen, gelegentlich überladenen und immer bejahrten Kähne richten sich nach dem Passagieraufkommen und lassen sich an den Anlegestellen erfragen.

ahogarse	ertrinken	**lancha**	Motorboot
bucear	tauchen	**mar**	Meer
cayuco, pipante (*m*)	Kanu	**maremoto**	Seebeben
corriente (*w*)	Strömung	**nadar**	schwimmen
esnórquel	Schnorchel	**ola**	Welle
estero	Lagune	**playa**	Strand
panga, bote (*m*)	großes Boot mit Motor oder Rudern		

Fische & Reptilien

barracuda	Barrakuda
caimán	Kaiman
cascabel	Klapperschlange
coral	Korallenschlange
garrobo	Leguan
raya	Rochen
tiburón	Hai
tortuga	Schildkröte

¿Cuándo se pueden observar las tortugas?
wann sich (sie-)können beobachten die Schildkröten
Wann kann man die Schildkröten beobachten?

¿Hay corrientes peligrosas por aquí?
(es-)hat Strömungen gefährliche durch hier
Gibt es hier gefährliche Strömungen?

¿Cuándo sale la panga al Bluff?
wann (sie-)weggeht die Boot zum Bluff
Wann fährt das Boot nach El Bluff?

Vulkanismus: Tod und Segen

Der Cerro Negro begräbt die Stadt León unter einem Ascheregen, gelbe Schwefelwolken verdunkeln den Himmel über dem Krater Santiago, am Fuße des Vulkans Telica werden Bauern evakuiert, weil aus dem Boden unter ihren Hütten plötzlich siedend heiße Dämpfe quellen.

Die aktiven Vulkane Nicaraguas sorgen immer wieder für Schlagzeilen. Eine Kette von Kegeln und Kratern zieht sich vom Golfo de Fonseca im Norden bis zur Vulkaninsel Ometepe im Nicaragua-See.

Wie launische Götter schenken die Vulkane den Menschen einerseits klare Bergseen, wohltuende Thermalquellen, nutzbare Energie und Äcker, die durch Ascheregen fruchtbar werden. Dann wieder speien sie Sand, Steine und Lava und produzieren giftige Schwefeldämpfe, die die Felder verwüsten.

Tatsächlich hielten die indianischen Bewohner die Krater für den Wohnsitz allmächtiger Gottheiten, die ihrem Ärger über die Schandtaten der Menschheit durch gewaltige Eruption Luft machten. Mit Tier- und Menschenopfern versuchten sie, den göttlichen Zorn zu beschwichtigen, aber all zu oft vergebens:

Im Museum von Acahualinca in Managua sind in Vulkanasche konservierte, uralte Fußabdrücke von Tieren und Menschen zu sehen, die vor einem Vulkanausbruch flüchten wollten. Kaum 80 Jahre nach der Gründung des alten León am Fuße des Momotombo mussten die Bewohner die Stadt aufgeben, weil die seismischen Aktivitäten des großen Berges sie bedrohten. Am Mombacho bei Granada begrub im 16. Jh. eine Lawine aus Geröll und Steinen ein ganzes Dorf mit 400 Menschen unter sich.

Vulkanismus: Tod und Segen

Alle paar Jahre verlieren die campesinos, die am Fuße des Cerro Negro leben, ihre gesamte Ernte, weil der Vulkan, der sich erst 1850 bildete, immer wieder ausbricht.

So wie ihre Ahnen die Götter beschworen, eilen auch heute noch die frommen Bewohner der Vulkangebiete in die Kirchen, beten und flehen, verschont zu werden, und ihre Pfarrer leiten feierliche Prozessionen, um den Berg zu besänftigen.

Weniger gottergeben versuchten zwei deutsche Wissenschaftler, Mutter Natur zu bändigen. Die beiden Einwanderer Schönberg und Scharfenberg bauten 1927 einen riesigen eisernen Kamin, der die Gase aus dem Krater Santiago herausziehen sollte. Sie wollten Kaffeeplantagen retten, die von den Schwefeldämpfen verheert wurden. Einziges, heute noch sichtbares Ergebnis ihres vermessenen Experiments war jedoch die Vergrößerung des Kraters durch eine gewaltige Explosion. Sie sprengte sämtlich Aufbauten in die Luft und bereitete dem kühnen Traum der Ingenieure ein Ende.

Erst zum Ende des letzten Jahrhunderts wuchsen die Aussichten, sich die enorme vulkanische Energie zu Nutze zu machen. Am Fuß des 1280 m hohen Momotombo erbauten italienische Techniker ein Kraftwerk, das heißes Wasser und Dampf auf Turbinen leitet. Nach erneuten Sanierungsmaßnahmen von 1999 bis 2003 erzeugt das Kraftwerk heutzutage etwa ein Drittel des nicaraguanischen Stroms.

arena	Sand	**cráter**	Krater	**magma**	Magma
azufre (*m*)	Schwefel	**erupción**	Eruption	**quemar**	verbrennen
caldera	Kessel	**humo**	Rauch	**retumbar**	grollen
ceniza	Asche	**lava**	Lava	**volcán**	Vulkan
cono	Kegel				

Unterkunft

Ein Bett oder eine Hängematte findet man in jedem Ort. Die meisten Unterkünfte außerhalb der Städte Managua, León und Granada sind auf die schmalen Geldbeutel einheimischer Reisender zugeschnitten und entsprechend bescheiden ausgestattet.

hotel / pensión	Hotel / Pension	**hospedaje** (*m*)	Herberge
habitación doble	Doppelzimmer	**habitación sencilla**	Einzelzimmer

cabaña	Bungalow	**llave** (*w*)	Schlüssel
caja de seguridad	Safe	**pasaporte** (*m*)	Reisepass
cama	Bett	**percha**	Bügel
cama adicional	Zusatzbett	**propina**	Trinkgeld
cobija	Decke	**sábana**	Bettlaken
cuna	Kinderbett	**sucio**	schmutzig
ducha	Dusche	**teléfono**	Telefon
lavandería	Wäscherei	**toalla**	Handtuch
limpio	sauber		

Quisiera una habitación con baño privado.
(ich-)würde-wollen eine Zimmer mit Bad privat
Ich hätte gern ein Zimmer mit Bad.

¿Dónde queda el Hotel Ticomo, por favor?
wo (er-)bleibt der Hotel Ticomo durch Gefallen
Wo ist das Hotel Ticomo, bitte?

¿Cuánto vale una habitación doble?
wieviel (sie-)ist-wert eine Zimmer doppelt
Was kostet ein Doppelzimmer?

¿A qué hora van a cerrar de noche?
zu was Stunde (sie-)gehen zu schließen von Nacht?
Wann schließen Sie nachts?

¿Hay un parqueo vigilado?
(es-)hat ein Parkplatz bewacht
Gibt es einen bewachten Parkplatz?

Nicas lieben Musik über alles und verstehen nicht, dass sich jemand durch dröhnende Boxen gestört fühlt. Hier hilft nur stoische Gelassenheit oder Ohropax im Reisegepäck.

Essen & Trinken

Die Bevölkerung lebt hauptsächlich von Reis, roten Bohnen und Mais: Letzterer wird in allen nur denkbaren Formen verzehrt oder zu Getränken verarbeitet. Populärste Variante ist die Tortilla, ein Maismehlfladen, der zu keiner Mahlzeit fehlen darf.

nicaraguanische Spezialitäten

alfeñique (*m*)	Süßigkeit aus Zuckerrohrsaft
atol	Getränk oder Gericht aus gemahlenem Mais
bienmesabes	Süßigkeit aus Bananen und Zuckerrohrsaft

ceviche (*m*)	in Limonensaft kalt gegarte Krebs-, Muscheln- oder Fischstückchen
chicha	vergorenes Getränk aus Mais, mehr oder weniger alkoholhaltig
gallopinto	Reis und rote Bohnen (nationales Leibgericht)
gofio	Süßigkeit aus Maismehl mit Honig und Milch
guabul	dickflüssiges Bananengetränk
guacamol	Avocadocreme mit gekochtem Ei, Zwiebel und Zitronensaft
indio viejo	Eintopf aus Mais, Fleisch und Gewürzen
mondongo	Suppe aus Kuddeln mit Kalbsfuß
perrereque (*m*)	süßes Maisbrot mit weißem Käse
pindongo	Maispastete ohne Fleisch
pinol	Getränk aus gerösteten Maiskörnern mit Zucker
vigorón	geröstete Schweineschwarte mit Maniok und Salat

im Restaurant

Standardgericht der zahlreichen einfachen Restaurants: rote Bohnen mit Huhn, Fleisch oder Eiern und ein wenig Krautsalat. Unerlässliche Beilage (bastimento) *zu jedem Essen ist einer der vier Sattmacher: Brot, Reis, Maistortilla oder Kochbananen.*

Speiserestaurants sind täglich um die Mittagszeit und abends bis etwa 21 Uhr geöffnet. Die köstlichsten Meeresfrüchte werden Ihnen hier preiswert serviert. Außerdem verstehen sich die heimischen Köche ausgezeichnet auf das Grillen saftiger Steaks.

cafetín	Imbissbude mit Stühlen
comidería, comedor	Privathaus mit Mittagstisch
fritanga	Bude mit Essensverkauf
restaurante (*m*)	Restaurant
servicio	Toilette
cena	Abendessen

comida, almuerzo	Mittagessen
desayuno	Frühstück
desayuno típico	landestypisches Frühstück, bestehend aus Reis, Tortilla, roten Bohnen, Fleisch oder Eiern

cenicero	Aschenbecher	**pedir**	bestellen
cuenta	Rechnung	**plato**	Teller
cuchara	Löffel	**postre** (*m*)	Nachtisch
cuchillo	Messer	**servilleta**	Serviette
menú (*m*)	Speisekarte	**tenedor**	Gabel
mesero	Kellner	**vaso**	Glas
palillo de dientes	Zahnstocher		

Traígame la sal, por favor.
bringe(-er/-sie)-mir die Salz durch Gefallen
Bringen Sie mir bitte das Salz!

Présteme el servicio.
leihe(-er/-sie)-mir der Dienst
Wo ist die Toilette?

Die Aufmerksamkeit des Kellners zieht man mit Handzeichen und einem diskreten ¡Ts, ts! *oder* ¡Por favor! *auf sich.*

Quisiera reservar una mesa para cinco personas.
(ich-)würde-wollen reservieren eine Tisch für fünf Personen
Ich möchte einen Tisch für fünf Personen reservieren.

Bestellen

Traígame el menú, por favor.
bringe(-er/-sie)-mir der Speisekarte durch Gefallen
Bringen Sie mir bitte die Speisekarte!

¡Buen provecho!
guter Profit
Guten Appetit!

Auch vornehm wirkende Kellner sind in Wirklichkeit schlecht bezahlte Angestellte und freuen sich über ein Trinkgeld von ca. 10 %.

Bezahlen

¡La cuenta, por favor!
die Rechnung durch Gef.
Die Rechnung bitte!

¿Está incluido el impuesto / la propina?
(sie-)ist eingeschlossen der Steuer / die Trinkgeld
Ist das mit Steuer / Trinkgeld?

Yo invito.
ich (ich-)einlade
Ich lade ein.

Queremos pagar a la americana.
(wir-)wollen bezahlen zu die amerikanische
Wir möchten gerne getrennt zahlen.

Speisekarte

Zubereitung			
a la jalapeña	mit grünem Pfeffer	**encebollado**	mit Zwiebeln
a la plancha	vom Grillblech	**entomatado**	mit Tomaten
al ajillo	mit Knoblauch	**frito**	gebraten
asado	gegrillt (Spieß)	**guisado**	geschmort
empanizado	paniert		

Vorspeisen			
ceviche de camarones	Garnelenceviche	**entrada**	Vorspeise
ensalada mixta	gemischter Salat	**sopa**	Suppe

Fisch & Meeresfrüchte			
camarón	Garnele	**huevos de paslama**	Schildkröteneier
camarón del río	Flusskrebs	**jaiba**	Blaukrabbe
chacalín	Kleingarnele	**mariscos**	Meeresfrüchte
concha	Muschel	**pescado**	Fisch
corvina	Meerrabe		

Fleisch			
brocheta	Fleischspieß	**filete** (*m*)	Filet
bistec, steak	Steak	**garrobo**	Leguan
carne (*w*)	Fleisch	**hígado**	Leber
carne de cerdo	Schweinefleisch	**lomo**	Lende
carne de res	Rindfleisch	**pollo**	Huhn
chuleta	Kotelett		

Gemüse			
aguacate (*m*)	Avocado	**lechuga**	grüner Salat
ajo	Knoblauch	**repollo**	Weißkohl
cebolla	Zwiebel	**papa**	Kartoffel
chiltoma	Paprika	**tomate** (*m*)	Tomate
frijoles (*m, Mz*)	rote Bohnen	**verdura**	Gemüse

Beilagen			
arroz	Reis	**tajadas**	gebratene Kochbananen
pan	Brot	**tortilla**	Maistortilla

Nachtisch			
flan	Pudding	**queque** (*m*)	Kuchen
frutas	Obst	**postre** (*m*)	Nachtisch
helado	Speiseeis		

Gewürze			
aceite (*m*)	Öl	**pimienta**	Pfeffer
chile (*m*)	Pfefferschote	**sal** (*w*)	Salz
encurtidos	Mixed Pickles (scharf)	**salsa picante**	Chili-Soße
jengibre (*m*)	Ingwer	**vinagre** (*m*)	Essig

Imbiss

Man isst gut und billig an solchen Ständen. Da die Zubereitung aber unsere Erwartungen an Hygiene nur selten erfüllt, sollten Sie hier auf Rohkost verzichten.

Frauen, die in noch höherem Maße von der Arbeitslosigkeit betroffen sind als Männer, versuchen oft, als Kleinstunternehmerinnen mit Imbissständen und Gaststuben ein Einkommen für die Familie zu erwirtschaften.

hamburguesa	Hamburger
chicharrón	geröstete Schweineschwarte
elote (*m*)	Maiskolben
enchilada	Tortilla mit gebratenem Fleisch
nacatamal	Maispastete mit Schweinefleisch
quesillo	gekochter Käse mit Tortilla und Zwiebeln
sandwich (*m*)	Sandwich
tajadas	Bananenchips
tostones	gebratene panierte Kochbananenscheiben

Getränke

Kaufen Sie nur abgefüllte Markenpräparate (Verdauungsprobleme!)

agua	Wasser
agua purificada	gereinigtes (Trink-)Wasser
café	Kaffee

café con leche	Milchkaffee
fresco	Fruchtsaft aus Konzentrat
gaseosa	Brause, Limonade
hielo	Eis
jugo natural	frischer Saft
leche (*w*)	Milch
limonada	Zitronensaft mit Zucker
raspados	Wassereis mit Fruchtsaft
soda	Mineralwasser
tiste (*m*)	leicht vergorenes Getränk aus Mais und Gewürzen

alkoholische Getränke	
cerveza	Bier
guaro	Zuckerrohrschnaps
cususa	Maisschnaps
chicha bruja	starke Mais-Chicha
nica libre	Cuba Libre
ron blanco	weißer Rum
ron negro	brauner Rum
trago	Drink, Schnaps
vino blanco	Weißwein
vino tinto	Rotwein

Während dem Rauchen per Gesetz in allen öffentlichen Gebäuden, Transportmitteln usw. ein Riegel vorgeschoben wurde, fröhnt man dem Alkohol weiterhin aus völlen Zügen. Der Volksmund umschreibt das so:

avión, **astronauta**, **bolo**, **picado**, **mamado**, **tronado**	Betrunkener

andar a media asta *gehen zu halbe Mast*	angetrunken sein
andar oloroso *gehen duftend*	eine Fahne haben
andar en zafra *gehen in Zuckerrohrernte*	einen heben
andar de goma *gehen von Gummi (= Zahnfleisch)*	verkatert sein
andar con los diablos azules *gehen mit die Teufel blaue*	im Delirium sein

Einkaufen

Passen Sie auf den Märkten gut auf Ihre Wertsachen auf!

Fast alles, was man so braucht, gibt es auf den Märkten zu kaufen. Hier wird Tag für Tag vom Aufgang der Sonne bis zum Einbruch der Nacht gehandelt. Da es mehr Verkäufer als Kunden gibt, wird man sich um Sie reißen. Genießen Sie das Erlebnis!

abierto – cerrado	offen – geschlossen
caro – barato	teuer – billig
comprar – vender	kaufen –verkaufen

auténtico	echt	**necesitar**	brauchen
calidad	Qualität	**precio**	Preis

descuento	Ermäßigung	**tienda**	Geschäft
mercado	Markt		

¿Cuánto vale esta hamaca?
wieviel (sie-)ist-wert diese Hängematte
Was kostet diese Hängematte?

¡Deme una libra de café, por favor!
gebe(-er/-sie)-mir ein Pfund von Kaffee durch Gefallen
Geben Sie mir bitte ein Pfund Kaffee.

No necesito bolsa, gracias.
nicht (ich-)brauche Tüte Danke
Danke, ich brauche keine Tüte.

Gerade auf Märkten, wo öfters Touristen einkaufen, verlangen die Verkäufer von Ausländern gelegentlich Preise, die stark überhöht sind. Mit freundlicher Verhandlungstaktik wird es Ihnen gelingen, die Summe auf eine angemessene Höhe herunter-zu-handeln.

Geschäfte

farmacia	Apotheke
ferretería	Eisenwarenhandlung
librería	Schreibwaren-, Buchladen
panadería	Bäckerei
pulpería, venta	Kiosk, Kramladen
supermercado	Supermarkt

Lebensmittel

aceite (*m*)	Öl	**leche agria**	Dickmilch
carne (*w*)	Fleisch	**maíz**	Mais
gerber	Babynahrung	**mantequilla**	Butter
harina	Mehl	**pan**	Brot
huevo	Ei	**queso**	Käse

Einkaufen

Obst

banano	(süße) Banane	**naranja**	Apfelsine
frutas (*w, Mz*)	Obst	**papaya**	Papaya
calala	Passionsfrucht	**piña**	Ananas
greyfrú (*m*)	Grapefruit	**pitahaya**	Drachenfrucht
limón	Limone	**plátano**	Kochbanane
mango	Mango	**sandía**	Wassermelone
melón	Honigmelone		
coco de agua	wasserreiche, fleischlose Kokosnuss		

Gemüse

ayote (*m*), **pipián**	Kürbis	**quequisque** (*m*)	Taro, Malanga
camote (*m*)	Süßkartoffel	**tomate** (*m*)	Tomate
chiltoma	Paprika	**yuca**	Maniok
chayote (*m*)	Stachelkürbis	**zanahoria**	Möhre
cebolla	Zwiebel		

Toilettenartikel

ace	Waschpulver	**jabón**	Seife
algodón	Watte	**pañales** (*m, Mz*)	Windeln
cepillo	Bürste	**papel higiénico**	Klopapier
cepillo de dientes	Zahnbürste	**periódico**	Zeitung
condón	Kondom	**shampú**	Shampoo
crema dental	Zahnpasta	**tampón**	Tampon
hoja de afeitar	Rasierklinge	**toalla sanitaria**	Damenbinde

Necesito un paquete de toallas sanitarias.
(ich-)brauche ein Paket von Handtücher sanitäre
Ich brauche ein Päckchen Binden.

Kunsthandwerk

Die größte Auswahl an Kunsthandwerk finden Sie auf dem Huembes-Markt in Managua sowie auf dem großen Markt von Masaya. Schöne Keramik wird in dem Ort San Juan de Oriente hergestellt.

aretes (*m, Mz*), **chapas**	Ohrringe
arte (*m*)	Kunst
artesanía	Kunsthandwerk
barro	Ton
billetera	Portemonnaie
bordados	Stickereien
canasta	Korb
cartera	Handtasche
cerámica	Keramik
coral negro	schwarze Koralle
cuero (de lagarto / rana)	(Krokodil- / Frosch-) Leder
escultura	Skulptur
hamaca	Hängematte
jícara de filigrana	Behältnisse aus geschnitzten Kalebassen
madera	Holz
trabajo manual	Handarbeit

¡Pase adelante!
gehe(-er/-sie) vorwärts
Kommen Sie herein!

Sólo quiero mirar un poco.
nur (ich-)möchte schauen ein wenig
Ich möchte mich nur ein wenig umschauen.

¿De qué material es esta cartera?
von was Material (sie-)ist diese Handtasche
Aus welchem Material ist diese Handtasche?

Ämter & Behörden

Nehmen Sie sich Zeit! Wappnen Sie sich mit Geduld! Bleiben Sie stets freundlich!

autorización, permiso	Erlaubnis	**firmar**	unterschreiben
constancia	Bescheinigung	**lugar**	Ort
embajada	Botschaft	**lugar de nacimiento**	Geburtsort
fecha	Datum	**oficina**	Büro
fecha de nacimiento	Geburtsdatum	**nacionalidad**	Staatsangehörigkeit
firma	Unterschrift	**profesión**	Beruf

Tiene que llenar este formulario.
(er-/sie-)muss dass ausfüllen dieser Formular
Sie müssen dieses Formular ausfüllen.

No le entendí.
nicht ihm/ihr (ich-)verstand
Ich habe Sie nicht verstanden.

Firme aquí, por favor.
unterschreibe(-er/-sie) hier durch Gefallen
Unterschreiben Sie hier, bitte.

bei der Polizei

Allein der Preis für Ihr Flugticket entspricht ungefähr dem nicaraguanischen Mindestlohn eines Jahres. Man hält Sie in Nicaragua also auf jeden Fall für reich. Überfälle und Diebstahl sind bei der miserablen finanziellen Lage der meisten Nicas keine Seltenheit. Deponieren Sie Ihre Wertsachen in Ihrer Unterkunft. Falls dies nicht möglich ist, tragen Sie größere Summen direkt am Körper, und im Geldbeutel nur ein paar Scheine.

armado	bewaffnet	**mochila**	Rucksack
atraco, asalto	Überfall	**pistola**	Pistole
ayudar	helfen	**policía**	Polizei
billetera	Brieftasche	**puesto de policía**	Polizeirevier
cartera	Handtasche	**robar**	rauben
constancia	Protokoll	**secuestrar**	entführen
cuchillo	Messer	**seguro**	Versicherung
denuncia	Anzeige	**superior**	Vorgesetzter
ladrón	Dieb	**testigo**	Zeuge

¡Socorro! / ¡Auxilio! Hilfe!

Me robaron mis documentos de identidad.
mir (sie-)raubten meine Dokumente von Identität
Mir sind meine Papiere gestohlen worden.

Necesito una constancia de los hechos para el seguro en Alemania.
(ich-)brauche eine Bescheinigung von die Tatsachen für der Versicherung in Deutschland
Ich brauche ein Protokoll des Vorfalls für die Versicherung in Deutschland

¿Dónde podría sacar una fotocopia?
wo (ich-)könnte herausziehen eine Fotokopie
Wo kann ich eine Fotokopie machen?

Quisiera llamar a la embajada alemana.
(ich-)würde-wollen rufen zu die Botschaft deutsche
Ich möchte die deutsche Botschaft anrufen.

Bank, Post & Telefon

Umgangssprachliche Ausdrücke für Geld (dinero) *sind* pisto, lana, billetes, centavos, reales, plata, pesos *und* luz. *Der einzelne Córdoba heißt im Volksmund* peso *oder* vara.

Landeswährung ist der córdoba, unterteilt in 100 centavos. Euros werden in Nicaragua selten getauscht, und der Wechselkurs ist ungünstig. Dollars lassen sich deutlich einfacher wechseln. Reiseschecks sind eher nicht von Nutzen, sollten aber in Dollar augestellt sein. Kreditkarten (tarjeta de crédito) werden in größeren Geschäften, Hotels, Restaurants usw. akzeptiert. Mit diesen kann man auch an Geldautomaten (cajero automático, ATM) Bargeld abheben. Mit unserer Maestro-Card ist das allerdings nur an bestimmten Geldautomaten möglich.

Tauschen

In Banken und Wechselstuben ist der Kurs zwar ungünstiger als auf der Straße, aber das Risiko (Überfall, Betrug) dafür geringer.

banco	Bank	**contar**	zählen
billete (*m*)	Geldschein	**cheque de viajero**	Reisescheck
cambio	Wechsel	**dinero**	Geld
cambista	Geldwechsler	**moneda**	Münze
casa de cambio	Wechselstube		

Déjeme contarlo.
lasse(-er/-sie)-mich zählen-es
Ich möchte nachzählen.

Quiero cambiar cien dólares.
(ich-)will wechseln hundert Dollars
Ich möchte hundert Dollar tauschen.

Bank

banco	Bank	**identificación**	Ausweis
divisas	Devisen	**préstamo**	Kredit
cuenta	Konto	**talonario**	Scheckheft
cheque (*m*)	Scheck	**transferencia**	Überweisung

Post

Briefpost nach Europa ist auf dem Luftweg vier bis 14 Tage unterwegs und kommt meist an. Mit Klebestreifen verklebte Sendungen werden nicht angenommen. Briefkästen gibt es nur auf den Postämtern. Postlagernde Sendungen nach Managua sind möglich.

Für eilige Sendungen können Sie private Kurierdienste in Anspruch nehmen.

Pakete aus Deutschland kosten viel Zeit und auch viel Geld.

Bank, Post & Telefon

apartado postal	Postfach	**entrega inmediata**	Eilbrief
buzón	Briefkasten	**estampilla**	Briefmarke
carta	Brief	**lista de correos**	postlagernd
correo	Post	**postal**	Postkarte
correo aéreo	Luftpost	**remitente** (*m*)	Absender
correos	Postamt	**sobre** (*m*)	Umschlag
dirección	Adresse	**ventanilla**	Schalter

¿Hay correo para Ana Rump?
(es-)hat Post für Ana Rump
Haben Sie Post für Ana Rump?

¿Cuánto vale una carta a Alemania?
wieviel (sie-)kostet eine Brief zu Deutschland
Was kostet ein Brief nach Deutschland?

(teléfono) celular
Handy

Telefonieren

tarjeta prepago
Prepaid-Karte

recargar
wiederaufladen

Einige kleinere Ortschaften sind noch nicht an das Telefon-Festnetz angeschlossen. In den Städten können Sie nach Europa durchwählen. Handys sind sehr weit verbreitet.

cancelar	bezahlen	**llamada local**	Ortsgespräch
código	Vorwahl	**llamada internacional**	Auslandsgespräch
colgar	auflegen	**marcar**	wählen
contestar	antworten	**operadora**	Vermittlung
descolgar	abnehmen	**teléfono**	Telefon
guía telefónica	Telefonbuch	**teléfono público**	Telefonzelle
llamada	Anruf		

¿Con quién hablo?
mit wer (ich-)spreche
Mit wem spreche ich?

Quisiera hablar con don Daniel.
(ich-)würde-wollen sprechen mit Don D.
Ich möchte mit Don Daniel sprechen.

No le entiendo.
nicht ihm/ihr (ich-)verstehe
Ich verstehe Sie nicht.

Hable más despacio, por favor.
spreche(-er/-sie) mehr langsam durch Gefallen
Sprechen Sie bitte langsamer!

Internet

línea	Leitung
cabina de internet	Internetkabine
correo electrónico *Post elektronisch*	E-Mail
imprimir	ausdrucken
página	Seite
error	Fehler
página web *Seite Web*	Webseite
llamar por internet *anrufen durch Internet*	per Internet anrufen

No se puede abrir esta página.
nicht sich (sie-)kann öffnen diese Seite
Diese Seite lässt sich nicht öffnen.

Quiero enviar / leer e-mails.
(ich-)will schicken / lesen E-Mails
Ich möchte E-Mails verschicken / abrufen.

Quisiera imprimir este documento.
(ich-)würde-wollen drucken dieser Dokument
Ich möchte dieses Dokument ausdrucken.

© SW

LKW als Personentransporter in San Marcos

Fotografieren & Video

Bei Daueraufenthalten müssen Sie damit rechnen, dass die hohe Luftfeuchtigkeit im Winter oder der allgegenwärtige, feine Staub im Sommer Ihre optische Ausrüstung ruiniert.

batería	Akku	**foto** (*w*)	Foto
cámara	Kamera	**revelar**	entwickeln
cámara de video	Videokamera	**rollo**	Film(rolle)
copia	Abzug	**slides**	Dias
filmar	filmen		

Viele Menschen, vor allem Kinder, freuen sich, wenn Sie sie fotografieren, und noch mehr, wenn sie einen Abzug bekommen. Natürlich möchte jeder gerne vorher gefragt werden!

Militärische Anlagen und Flughäfen darf man nur mit ausdrücklicher Genehmigung fotografieren.

¿Me permite tomarle una foto?
mir (er-/sie-)erlaubt nehmen-ihm/-ihr eine Foto
Darf ich ein Foto von Ihnen machen?

Le voy a mandar una copia.
ihm/ihr (ich-)werde schicken eine Kopie
Ich schicke Ihnen einen Abzug.

¿Cuál es su dirección?
welche (sie-)ist seine/ihre Adresse
Wie ist Ihre Adresse?

In der Apotheke

Das Warenangebot nicaraguanischer Apotheken reicht vom Ohrring über Hundefutter bis hin zu den stärksten Medikamenten, die Sie bei uns nur auf Rezept kriegen. Um Arztkosten zu sparen, übernimmt das Verkaufspersonal häufig Beraterfunktion, ohne über die entsprechende Ausbildung zu verfügen. Vertrauen Sie lieber dem Beipackzettel!

Tabletten kann man auch einzeln kaufen.

aspirina	Aspirin	**jarabe** (*m*)	Sirup
cloroquina	Resochin	**jeringa**	Spritze
crema protectora contra el sol	Sonnencreme	**píldora**	Antibaby-Pille
curita	Pflaster	**supositorios**	Zäpfchen
gotas	Tropfen	**vendaje** (*m*)	Verband

Aber man bekommt in der Apotheke eben auch alle möglichen Haushaltswaren. Diese sind auch in der pulpería, dem kleinen Gemischtwarenladen, erhältlich.

abrelatas (*m*)	Dosenöffner	**fósforos**	Streichhölzer
abridor	Flaschenöffner	**hilo**	Faden
alfiler	(Steck-)Nadel	**lapicero**	Kugelschreiber
candela	Kerze	**mecate** (*m*)	Strick
cigarillos	Zigaretten	**pegamento**	Klebstoff
cuaderno	Heft	**puro**	Zigarre

Krank sein

Statten Sie sich unterwegs mit einer Rolle Klopapier aus. Das ist auf Toiletten Mangelware.

Krankheiten wie Malaria, Cholera und Dengue-Fieber können Sie vorbeugen, wenn Sie ein paar Ratschläge beherzigen:

Trinken Sie möglichst statt Leitungswasser Trinkwasser aus abgefüllten Flaschen. Waschen Sie Obst und verzehren Sie es grundsätzlich nur ohne Schale. Nehmen Sie anfangs keine oder nur kleine Mengen Rohkost zu sich, und nur in guten Restaurants. Kaufen Sie nur abgefülltes Markenspeiseeis. Schützen Sie sich ab Anbruch der Dunkelheit gegen Moskitos Die Malariamücken stechen häufiger nach Sonnenuntergang. Waschen Sie sich so oft wie möglich die Hände.

In Managua und in den größeren Städten gibt es gute Krankenhäuser, auf dem Land ist die medizinische Versorgung lückenhaft.

Notfall

alérgico	allergisch	**médico**	Arzt
ambulancia	Krankenwagen	**medicamento**	Medikament
doler	schmerzen	**observación**	Beobachtung
dolor	Schmerz	**operación**	Operation
emergencia	Notfall	**radiografía**	Röntgenbild
hospital	Klinik	**sangrar**	bluten
inyección	Spritze	**sangre** (*w*)	Blut
jeringa desechable	Einwegspritze	**transfusión**	Transfusion

¡Llame una ambulancia, por favor!
rufe(-er/-sie) einen Krankenwagen durch Gefallen
Rufen Sie bitte einen Krankenwagen!

Lléveme a un hospital, por favor.
bringe(-er/-sie)-mich zu ein Krankenhaus durch Gefallen
Bringen Sie mich bitte in eine Klinik.

¡Es muy urgente!
(es-)ist sehr dringend
Es ist sehr dringend!

beim Arzt

Arztrechnungen müssen sofort beglichen werden. Feste Tarife gibt es nicht. Auf dem Lande praktizieren noch sogenannte curanderos, heilkundige Männer und Frauen, die in vielen Fällen Rat wissen.

clínica	Arztpraxis
consulta	Sprechstunde
exámen de sangre	Blutuntersuchung
exámen	Untersuchung
inflamado	entzündet
vacuna	Impfung

Krankheiten & Beschwerden

amebas	Amöben
asma	Asthma
calambre (*m*)	Krampf
calentura	erhöhte Temperatur
cólera	Cholera
dengue (*m*)	Dengue-Fieber
diabetes	Diabetes
diarrea	Durchfall
dolor de cabeza	Kopfschmerzen
enfermo	krank
escalofrío	Schüttelfrost
fiebre (*w*)	Fieber
fisura	Knochenriss
fractura	Knochenbruch
gripe (*w*)	Grippe
hepatitis (*w*)	Hepatitis

herida	Wunde
hemorroides	Hämorrhoiden
hongos	Pilze
infarto	Infarkt
infección	Infektion
malaria, **paludismo**	Malaria
malestar	Unwohlsein
parálisis (*w*)	Lähmung
parásitos	Parasiten
quemadura	Verbrennung
tétano	Wundstarrkrampf
vomitar, **arrojar**	erbrechen

Tengo problemas de respiración.
(ich-)habe Probleme von Atmung
Ich habe Atembeschwerden.

Tengo diarrea desde hace tres días.
(ich-)habe Durchfall seit (es-)macht 3 Tage
Ich habe seit drei Tagen Durchfall.

Me duele la espalda.
mir (sie-)schmerzt die Rücken
Ich habe Rückenschmerzen

Me picó un alacrán.
mich (er-)stach ein Skorpion
Mich hat ein Skorpion gestochen.

Körperteile

bazo	Milz	**nalgas**	Hinterteil
boca	Mund	**nariz** (*w*)	Nase
brazo	Arm	**oído**	inneres Ohr
cabeza	Kopf	**ojo**	Auge
cadera	Hüfte	**oreja**	(äußeres) Ohr
cara	Gesicht	**ovarios**	Eierstöcke
columna vertebral	Wirbelsäule	**pelo**	Haar
corazón	Herz	**pene** (*m*)	Penis
costilla	Rippe	**pie** (*m*)	Fuß
cuello	Hals	**piel** (*w*)	Haut
dedo	Finger, Zeh	**pierna**	Bein
diente (*m*)	Zahn	**pulmón**	Lunge
estómago	Magen	**riñón**	Niere
hígado	Leber	**rodilla**	Knie
intestino(s)	Darm	**testículo**	Hoden
labio	Lippe	**tobillo**	Knöchel
lengua	Zunge	**vagina**	Vagina
mano (*w*)	Hand	**vesícula**	Blase

© SW

Im historischen Zentrum von León

Literaturtipps

Selbstlernkurse

Die hier angeführten Bücher sind nicht über den Reise Know-How Verlag erhältlich.

Spanisch ohne Mühe heute, Audio-Sprachkurs für Anfänger und Wiedereinsteiger. Nörvenich 2004 (Assimil-Verlag). ISBN 978-2-7005-1052-2. Lehrbuch und vier CDs, auch als mp3-Sprachkurs erhältlich.

Spanisch ohne Mühe heute, PC-Sprachkurs für Anfänger und Wiedereinsteiger. Nörvenich 2005 (Assimil-Verlag). ISBN 978-3-8962-5421-4.

Spanisch in der Praxis, Audio-Sprachkurs für Fortgeschrittene. Nörvenich 1991 (Assimil-Verlag). ISBN 978-2-7005-2058-3. Lehrbuch und vier CDs, auch als mp3-Sprachkurs erhältlich

Sonstiges

Schumann, Gerd / Serrano Simarro, Almudena: Nicaragua: entre pobreza y esperanza. München 2006 (Langenscheidt). ISBN 978-3-468-49296-9. Lesetexte für fortgeschrittene Spanischlernende.

Wörterliste Deutsch – Spanisch

© SW

Souvenirstand in Masaya

• Männliche **Hauptwörter**, die nicht eine der typischen männlichen Endungen **-o**, **-r**, **-n**, **-l** haben, sind mit *(m)* gekennzeichnet. Ebenso sind weibliche Hauptwörter, die nicht eine der typischen weiblichen Endungen **-a**, **-d**, **-z**, **-ción** haben, mit *(w)* gekennzeichnet.

• Unregelmäßige **Verben** sind mit einem * gekennzeichnet. Die wichtigsten findet man auch im Kapitel „Unregelmäßige Verben".

• **Eigenschaftswörter** werden nur in der (männlichen) Grundform aufgeführt.

• **Abkürzungen:**

w	weiblich
Ez	Einzahl
m	männlich
Mz	Mehrzahl

A

abbiegen doblar
Abend tarde *(w)*
Abendessen cena
aber pero
abfahren salir*, irse* (de)
Abfahrt salida
abholen recoger
ablehnen rechazar
abschleppen remolcar
Absender remitente *(m)*
Absicht intención
Abteilung departamento
Achtung atención
Adresse dirección
ähnlich parecido
Allee avenida
allein solo
alles todo
allgemein general
als (zeitl.) cuando; **(Vergleich)** que
alt (nicht jung) viejo; **(nicht neu)** antiguo
Alter (Lebens-) edad
Ameise hormiga
Ampel semáforo
Amt oficina
anbieten ofrecer
Andenken recuerdo
anderer otro
ändern cambiar
anders diferente; **(Adv.)** de otra manera
Anfang inicio
anfangen comenzar*, empezar*
Angebot oferta
angenehm agradable
Angestellter empleado
Angst miedo
anhalten parar(se)
ankommen llegar
Ankunft llegada
annehmen aceptar
anprobieren probarse
Anruf llamada
anschauen mirar
Anschluss conexión
anstatt en vez de
Antwort respuesta
antworten contestar, responder
Anwalt abogado
Anzeige (Polizei) denuncia
anziehen (Kleid.) ponerse
Anzug traje *(m)*
anzünden encender*
Apotheke farmacia
Arbeit trabajo
Arbeiter trabajador
arbeiten trabajar
Arbeitslosigkeit desempleo
ärgern, sich enojarse
arm pobre
Arm brazo
Ärmel manga
Armut pobreza
Art especie *(w)*; **A. und Weise** manera
Arzt médico, doctor
Asche ceniza
Aschenbecher cenicero
atmen respirar
auch también

Aufenthalt estancia
aufhören dejar de
aufstehen levantarse
aufwachen despertarse*
Aufzug elevador
Auge ojo
Ausflug excursión, paseo
Ausgang salida
ausgeben gastar
ausgezeichnet excelente
Auskunft información
Ausland exterior
Ausländer extranjero
ausschalten apagar
außen afuera
außerdem además
Aussprache pronunciación
aussteigen bajarse
Ausstellung exposición
ausziehen (Kleid.) quitarse
Auto carro

B

Bäckerei panadería
Backofen horno
Badeanzug traje de baño *(m)*
baden bañarse
Badezimmer baño
Bahnhof estación
bald pronto
Ball pelota
Bank (Geld) banco
Bargeld efectivo
Batterie pila, batería
Bauer campesino
Baum árbol, palo
Baumwolle algodón *(m)*
Bedingung condición
beeilen, sich apurarse
beenden terminar
begegnen encontrar*
begleiten acompañar
begrüßen saludar
behandeln (Krankh.) tratar
Behörde autoridad
Beispiel ejemplo
bekommen conseguir, recibir
bemerken darse* cuenta
benachrichtigen avisar
benutzen ocupar, usar
Benzin gasolina
Berg montaña, cerro
Beruf profesión
berühmt famoso
berühren tocar
beschweren, sich quejarse
Besen escoba
besichtigen visitar
Besitzer propietario, dueño
besonderer especial
bestellen pedir*
Bestellung pedido
besuchen visitar
betrügen engañar
betrunken borracho
Bett cama
bevor antes
bevorzugen preferir*
Beweis prueba
bezahlen pagar, cancelar
Biene abeja
Bier cerveza
Bild (Gemälde) cuadro
billig barato
bisschen: ein b. un poquito
bitten pedir*
bitter amargo
Blatt hoja
bleiben quedarse
Bleistift lápiz *(m)*
blind ciego
Blume flor *(w)*
Blut sangre *(w)*
Boden suelo
Boot barco, lancha
Botschaft (dipl.) embajada
Brand incendio
brauchen necesitar
brechen romper, quebrar*
breit ancho
Brief carta
Briefmarke estampilla
Briefumschlag sobre *(m)*
Brille anteojos *(Mz)*
bringen traer*;
(weg-) llevar
Brot pan *(m)*
Brücke puente *(m)*
Bruder hermano
Brunnen pozo
Buch libro
buchen reservar
Bürger ciudadano
Büro oficina
Bürste cepillo
Bus autobús, bus
Butter mantequilla

C / D

Chef jefe *(m)*
Computer computadora
da allá
Dach techo
Dame señora
Damenbinde toalla sanitaria
danach después
danken agradecer*
dann entonces
dass que
Datum fecha

dauern dilatar, tardar
Decke (Bett-) cobija;
(Tisch-) mantel *(m)*
denken pensar*
deshalb por eso
Deutscher alemán
Deutschland Alemania
dick gordo
Dieb ratero, ladrón *(m)*
Diebstahl robo
Dienst servicio
Ding cosa, objeto
Dokument documento
Dolmetscher intérprete *(m)*
doppelt doble
Dorf pueblo, aldea
dort allá
dringend urgente
drinnen adentro
Dschungel selva
dumm dundo
dunkel oscuro
dünn flaco, delgado
Durst sed *(w)*
Dusche lluvia, ducha

E

echt auténtico
Ehefrau esposa
Ehemann esposo, marido
Ei huevo
Eifersucht celo
Eigentum propiedad
Eimer balde *(m)*
einander uno al otro
Einbruch robo
einfach sencillo
Einfuhr importación
Eingang entrada
einige algunos
einladen invitar, convidar
Einladung invitación
einschalten encender*
einsteigen subir
eintreten entrar
einverstanden de acuerdo
Einwohner habitante *(m)*
einzig único
Eis (Speise-) helado;
(gefr. Wasser) hielo
Elend miseria
Eltern padres *(m, Mz)*
E-Mail correo electrónico
empfehlen recomendar*
Ende fin *(m)*
enden acabarse, terminar
eng estrecho
Enkel nieto
Ente pato
entscheiden decidir
entschuldigen, sich disculparse
entwickeln desarrollar
Entwicklung desarrollo
Erde tierra
Ereignis evento
Erfahrung experiencia
Erfolg éxito
erholen, sich descansar
erinnern, sich acordarse*
erkältet resfriado
erklären explicar
erlauben permitir
Erlaubnis permiso
Ermäßigung descuento
Ersatzteil repuesto
erst sólo
erzählen contar*
Esel burro
essen comer
Essig vinagre *(m)*
Etage piso, nivel *(m)*
etwas algo

F

Faden hilo
Fahne bandera
fahren ir*;
(lenken) manejar, conducir*
Fahrer chófer, conductor
Fahrkarte boleto
Fahrplan horario
Fahrpreis tarifa
Fahrrad bicicleta
Fahrzeug vehículo
fallen caer(se)*
falsch falso
Farbe color *(m)*
Familie familia
fast casi
faul (träge) perezoso, holgazán;
(Obst) podrido
fegen barrer
fehlen faltar
Fehler error
Feier celebración
feiern celebrar
Feld campo;
(Mais-) milpa
Fenster ventana
Ferien vacaciones *(w Mz)*
Fernsehen televisión
fertig listo
fest firme, sólido
Fest fiesta
Fett grasa
feucht húmedo

Feuer fuego
Fieber fiebre *(w)*
Film película
finden encontrar*
Finger dedo
Fisch pez *(m)*;
(zum Essen) pescado
Flasche botella
Fleisch carne *(w)*
fleißig diligente, trabajador
fliegen volar
flirten enamorar
Flug vuelo
Flughafen aeropuerto
Flugzeug avión *(m)*
Fluss río
folgen seguir*
Formular formulario
Fotoapparat cámara
Fotografie foto *(w)*
fotografieren tomar una foto
Frage pregunta
fragen preguntar
Frau mujer *(w)*
frei libre
Freiheit libertad
Freude alegría
freuen, sich alegrarse
Freund amigo, cuate *(m)*;
(fester) novio
freundlich amable
Freundschaft amistad
Frieden paz *(w)*
frieren tener frio
frisch fresco
fröhlich alegre
Frucht fruto
früh temprano
Frühstück desayuno
frühstücken desayunar
fühlen, sich sentirse*
füllen llenar
fürchten temer
Fuß pie *(m)*;
zu F. a pie

G

Gabel tenedor
ganz todo, entero
Garten huerto, jardín
Gast huésped *(m/w)*
Gastfreundschaft hospitalidad
Gastgeber anfitrión *(m)*
Gaststätte restaurante *(m)*
Gebäck pasteles *(m, Mz)*
Gebäude edificio
geben dar*
Gebirge montaña, cordillera
geboren werden nacer*
Gebühr cuota
Geburtstag cumpleaños *(m Ez)*
gefährlich peligroso
gefallen gustar
Gefallen favor *(m)*
Gefängnis cárcel *(w)*
Gefühl sentimiento
gegenüber enfrente
gehen ir*, andar*, caminar
Geld dinero, plata
Gemüse verduras *(Mz)*
gemütlich cómodo
genau exacto
genug bastante, suficiente
Gepäck equipaje *(m)*
geradeaus recto
gern con gusto
Geschäft (Tätigkeit) negocio;
(Laden) tienda, pulpería
Geschenk regalo
Geschichte (Verg.) historia;
(Erzähl.) cuento
Geschmack gusto, sabor
Geschwister hermanos
Gesellschaft sociedad
Gesetz ley *(w)*
Gesicht cara
Gespräch conversación
gestern ayer;
g. abend anoche
gesund sano
Gesundheit salud *(w)*
Getränk bebida
Gewicht peso
Gewitter tormenta eléctrica
Gewürz condimento
Gift veneno
Glas (Trink-) vaso;
(Material) cristal
glauben creer*
Glück suerte *(w)*
glücklich feliz
Gold oro
Gott Dios *(m)*
gratulieren felicitar
Grenze frontera
Grippe gripe *(w)*
groß grande
Großmutter abuela
Großvater abuelo
Gruppe grupo
grüßen saludar
gültig válido
Gürtel cinturón *(m)*
gut bueno;
(Adv.) bien

H

Haar pelo
haben tener*
Hafen puerto
Hälfte mitad
halten (fest-) sostener*
Haltestelle parada
Hand mano *(w)*
Handel comercio
Handtuch toalla
Hängematte hamaca
hart duro
hässlich feo
Haus casa
Haut piel *(w)*
heben levantar
Heftpflaster curita
heiraten casarse
heiß caliente
helfen ayudar
hell claro
Hemd camisa
Herr señor
Herz corazón *(m)*
heute hoy
hier aquí
Hilfe ayuda
hindurch a través de
hinten atrás
hinter detrás de
Hochzeit boda
hoffen esperar
höflich cortés
Holz madera
Honig miel *(w)*
hören oír;
(zu-) escuchar
Hose pantalón
Hotel hotel
Huhn gallina
Hund perro
Hunger hambre *(w)*
Hut sombrero
Hygiene higiene *(w)*

I

Idee idea
immer siempre
impfen vacunar
Industrie industria
Information información
inmitten en medio de
Insekt insecto
Insel isla
interessant interesante
interessieren, sich (für) interesarse por
irren, sich equivocarse

J

ja sí
Jacke chaqueta
Jahr año
jährlich anual
jeder cada (uno)
jemand alguien
jetzt ahora
Journalist periodista *(m)*
jung joven
Jugend juventud
Junge niño, chavalo

K

kalt frío
Kamm peine *(m)*
kaputt roto
Karte (Post-) tarjeta postal;
(Land-) mapa *(m)*
Käse queso
Kasse caja
Katze gato
kaufen comprar
kennen conocer*
Kerze candela
Kind niño
Kino cine *(m)*
Kirche iglesia
Kissen almohada
Kleid vestido
Kleidung ropa
klug inteligente
Kneipe cantina
Knie rodilla
Knochen hueso
kochen cocinar
Koffer maleta
kommen venir*
kompliziert complicado
Kondom condón
können poder*
Konsulat consulado
Konto cuenta
kontrollieren controlar
Konzert concierto
Kopf cabeza
Körper cuerpo
kosten (Preis) costar*
kostenlos gratuito
krank enfermo
Krankenhaus hospital
Krankheit enfermedad
Kreuz cruz *(w)*
kühl fresco
Kühlschrank refrigerador *(m)*
Kunst arte *(m)*

kurz corto
küssen besar
Küste costa

L

lächeln sonreír*
lachen reírse*
Laden tienda, pulpería
Lage (geogr.) posición
Laken sábana
Lampe lámpara
Land país *(m)*
ländlich rural
Landschaft paisaje *(m)*
Landwirtschaft agricultura
lang largo
langsam lento, despacio
langweilig aburrido
lassen dejar
laufen (rennen) correr
laut con voz alta
leben vivir
Leben vida
Lebensmittel alimentos *(Mz)*
Leder piel *(w)*
ledig soltero
leer vacío
legen poner*
leicht (einfach) fácil;
leicht (Gewicht) ligero
leihen, sich prestarse
lernen aprender, estudiar
lesen leer
Leute gente *(Ez, w)*
letzter último
Licht luz
lieben amar, querer*
Lied canción
links a la izquierda
Lippe labio
Löffel cuchara
Lohn sueldo
Luft aire *(m)*
lügen mentir*
lustig alegre

M

machen hacer*
Mädchen niña, chavala
Mal vez *(w)*
malen pintar
manchmal a veces
Mann hombre *(m)*
Markt mercado
Matratze colchón
Meer mar *(m)*
Mehl harina
mehr más
Menge cantidad
Mensch hombre *(m)*
Messer cuchillo
mieten arrendar, alquilar
Milch leche *(w)*
Minute minuto
mischen mezclar
Mittagessen comida
Mittag mediodía
Mode moda
möglich posible
Monat mes *(m)*
Mond luna
morgen, Morgen mañana
Motorrad motocicleta
Mücke mosquito, zancudo
müde cansado
Müll basura
Mund boca
Museum museo
Musik música
müssen tener* que
Mutter madre *(w)*, mamá

N

Nachbar vecino
Nachmittag tarde *(w)*
Nachricht noticia
nächster próximo, siguiente
Nacht noche *(w)*
nackt desnudo
Nadel aguja
Nagel clavo;
(Finger-) uña
nah cerca
Name nombre *(m)*;
(Familien-) apellido
Nase nariz *(w)*
nass mojado
Natur naturaleza
natürlich natural
Nebel niebla
neben al lado de
nehmen tomar
nein no
neu nuevo
neugierig curioso
Netz red *(w)*
nicaraguanisch nicaragüense
nicht no
nichts nada
niedrig bajo
niemals nunca
niemand nadie
nirgendwo por ningun lado
noch todavía, aún
Norden norte *(m)*
normal normal

notwendig necesario
Nummer número
nur sólo

O

ob si
oben arriba, encima
Obst fruta
oder o
offen abierto
öffnen abrir*
oft muchas veces
Ohr oreja
Öl aceite *(m)*
Onkel tío
Organ órgano
organisieren organizar
Ort lugar
Osten (Richtung) este *(m)*;
(Region) oriente *(m)*

P

paar: ein p. algunos
Paar pareja
packen (Koffer)
hacer* la maleta
Paket paquete *(m)*
Palast palacio
Panne avería
Papier papel
Park parque *(m)*
parken parquear
Parkplatz parqueo
Partei partido
Pass (Reise-) pasaporte *(m)*
Person persona
Pferd caballo
Pflanze planta
Plan plan *(m)*
Platz plaza
plötzlich de repente
Politik política
Polizei policía
Post(amt) correos
Preis precio
privat particular
probieren probar
Problem problema *(m)*
Programm programa *(m)*
Prospekt folleto
Punkt punto
pünktlich puntual

Q / R

Qualität calidad *(w)*
Quelle ojo de agua, fuente *(w)*
Quittung recibo
Rad rueda
Radio radio *(w)*
rasieren afeitar
Rat consejo
Rauch humo
rauchen fumar
rechnen calcular
Rechnung cuenta, factura
Recht derecho;
R. haben tener razón
rechts a la derecha
reden hablar
Regen lluvia
Regenschirm paraguas *(m Ez)*
Regierung gobierno
registrieren registrar
regnen llover*
reich rico
reif maduro
Reifen llanta
reinigen limpiar, asear
Reise viaje *(m)*
Reisebüro agencia de viajes
reisen viajar
reparieren reparar
reservieren reservar
Restaurant restaurante *(m)*
retten salvar
Rettungswagen ambulancia
richtig correcto
Richtung dirección
Rind res *(m)*
Rock falda, pollera
roh crudo
Rückfahrt regreso
Rucksack mochila
rückständig retrasado
rufen llamar;
(schreien) gritar
Ruhe silencio
rund redondo

S

Sache cosa
sagen decir*
Salbe pomada
Salz sal *(w)*
sammeln recoger
Sand arena
satt satisfecho
sauber limpio, aseado
sauer agrio
Schaden daño
scharf (Speise) picante
Schatten sombra
Schaukelstuhl mecedora
Scheck cheque *(m)*
scheinen parecer
Schere tijera

schicken enviar, mandar
schießen tirar
Schiff barco, buque *(m)*
Schlaf sueño
schlafen dormir*
Schlafsack saco de dormir
schlagen pegar
Schlange (Gift-) víbora
schlecht malo
schließen cerrar
Schloss (Gebäude) castillo;
(Vorhänge-) candado
Schlüssel llave *(w)*
schmackhaft sabroso
Schmerz dolor *(m)*
schmerzen doler*
Schmetterling mariposa
Schmuck joyas *(Mz)*
schmutzig sucio
Schnaps guaro
schneiden cortar
schnell rápido
schon ya
schön bonito
Schrank clóset
schreiben escribir
Schuh zapato
schuldig culpable
Schule escuela, colegio
Schüler alumno, estudiante
schwanger embarazada
Schwein chancho
schwer (Gewicht) pesado
Schwester hermana
schwierig difícil
schwimmen nadar
schwitzen sudar
See lago
sehen ver*;
mal s. a ver
Sehenswürdigkeit
lugar de interés *(m)*
sehr muy
Seide seda
Seife jabón *(m)*
Seil mecate *(m)*
seit desde
Seite (Richtung) lado;
(Buch) página
Sekunde segundo
selbst mismo
selbstverständlich
por supuesto
selten raro
Serviette servilleta
setzen, sich sentarse*
sicher seguro, cierto
Silber plata
singen cantar
sitzen estar* sentado
Sitzplatz asiento
so así;
(mit Adj.) tan
sofort ahorita
Sohn hijo
solcher tal
sollen deber
Sommer verano
sondern sino
Sonne sol *(m)*
soviel tanto
sparen ahorrar
spät tarde
Spaziergang paseo
spazierengehen pasearse
Speise comida
Speisekarte menú *(m)*
Spiegel espejo
Spiel juego
spielen jugar;
(Instrument) tocar
Spielzeug juguete *(m)*
Sport deporte *(m)*
Sprache idioma *(m)*, lengua
sprechen hablar
Spritze jeringa
Staat estado
Staatsangehörigkeit
nacionalidad *(w)*
Stadt ciudad
städtisch urbano
stark fuerte
stehen estar* parado
stehlen robar
Stein piedra
Stelle (Ort) lugar
stellen poner*
sterben morir*
Stern estrella
Stewardess aeromoza
Stil estilo
Stimme voz *(w)*
Stoff tela
stören molestar
Strafe castigo;
(Geld-) multa
Strand playa
Straße calle *(w)*;
(Land-) carretera
Streichhölzer fósforos *(Mz)*
streiten pelearse
Strumpf media
Stück pieza
Student estudiante *(m/w)*
Stuhl silla
Stunde hora
suchen buscar
Süden sur *(m)*
Suppe sopa
süß dulce

T

Tabak tabaco
Tablett bandeja
Tablette pastilla
Tag día *(m)*
täglich diario
Tal valle *(m)*
Tankstelle gasolinera
Tante tía
tanzen bailar
Tanz baile *(m)*
Tasche bolso; **(Hosen-)** bolsillo
Tasse taza
tauschen cambiar
Taxi taxi *(m)*
Teil parte *(w)*
Telefon teléfono
telefonieren llamar por teléfono
Teller plato
teuer caro
Theater teatro
tief hondo, profundo
Tier animal *(m)*
Tisch mesa
Tochter hija
Tod muerte *(w)*
Toilette inodoro
Toilettenpapier papel higiénico
tot muerto
töten matar
Tradition tradición
tragen llevar, cargar
Traum sueño
traurig triste
Treppe escalera
trinken beber, tomar
Trinkgeld propina
trocken seco
Tropen trópicos *(Mz)*
Tropfen gota
Truthahn chompipe *(m)*
tun hacer*
Tür puerta
Turm torre *(w)*
Tüte bolsa
typisch típico

U

üben practicar
überall en todas partes
übermorgen pasado mañana
überqueren cruzar
Überraschung sorpresa
übersetzen (Sprache) traducir*
Übersetzer traductor
Überweisung transferencia
überzeugen convencer
übrig: ü. sein quedar
Ufer ribera, orilla
Uhr reloj *(m)*
um ... zu para
umarmen abrazar
Umgebung alrededores *(m, Mz)*
umgekehrt al revés
Umleitung desvío
Umweg desvío
Umwelt medio ambiente *(m)*
unbekannt desconocido
und y
Unfall accidente *(m)*
ungefähr más o menos
Universität universidad
unordentlich desordenado
unschuldig inocente
unten abajo
Unterhaltung conversación
Unterschied diferencia
unterschreiben firmar
Urlaub vacaciones *(Mz)*

V

Vater padre *(m)*, papá *(m)*
Verabredung cita
verabschieden, sich despedirse*
verantwortlich responsable
verbessern mejorar
verboten prohibido
Verbrechen crimen *(m)*
verdienen ganar
vergessen olvidar
vergnügen, sich divertirse*
verirren, sich perderse*
verkaufen vender
Verkehr tránsito
verleihen prestar
verletzt herido
Verletzung herida
verlieben, sich enamorarse
verlieren (Dinge) perder*
verrückt loco
verschieden vario
Verschmutzung contaminación
Versicherung seguro
verspäten, sich retrasarse
versprechen prometer
verstehen entender*, comprender
versuchen intentar
Vertrag contrato
verwechseln confundir

viel mucho
vielleicht tal vez, quizás
Viertel (Stadt-) barrio
Vogel pájaro
Volk pueblo
voll lleno
vorbeigehen pasar
vorbereiten preparar
vorgestern anteayer
vorher antes
vorne delante
vorschlagen proponer*
Vorsicht cuidado
vorstellen, sich presentarse
vorwärts adelante

W

Wachmann celador
wachsen crecer*
Wagen carro
wählen elegir*
wahr cierto
während durante, mientras
Wahrheit verdad
wahrscheinlich probable
Wald bosque *(m)*
Wand pared *(w)*
wandern caitear
warm caliente
warten esperar
Waschbecken lavabo
waschen (sich) lavar(se)
Wasser agua
Watte algodón *(m)*
wechseln cambiar
wecken despertar*
Weg camino
weggehen irse*, salir*
wegnehmen quitar
weil porque
Wein vino
weinen llorar
weit (entfernt) lejos
Welle ola
Welt mundo
wenig poco
wenn (als) cuando; **(falls)** si
werden ponerse, volverse
werfen lanzar
Werkstatt taller
Werkzeug herramienta
Westen (Richtung) oeste *(m)*; **(Region)** occidente *(m)*
Wetter tiempo
wichtig importante
wie como
wieder nuevamente, otra vez
wiederholen repetir*
Wind viento
Windel pañal *(m)*
Winter invierno
wissen saber*
Witz chiste *(m)*
Woche semana
wohnen vivir
Wohnung departamento, piso
Wolke nube *(w)*
wollen querer*
Wort palabra
Wörterbuch diccionario
Wunde herida
wunderbar maravilloso
Wunsch deseo
wünschen desear
wütend rabioso

Z

Zahl número
zählen contar*
Zahn diente *(m)*
Zahnarzt odontólogo
Zahnpasta pasta dental
Zeichen señal *(w)*
zeichnen dibujar
zeigen mostrar*, enseñar
Zeit tiempo
Zeitschrift revista
Zeitung periódico
Zelt tienda
Zentrum centro
ziehen jalar; **(heraus-)** sacar
Ziel destino
ziemlich bastante
Zigarette cigarillo
Zigarre puro
Zimmer habitación, cuarto
Zoll aduana
zu (sehr) demasiado
Zucker azúcar *(m o. w)*
Zufall casualidad
zufrieden contento
Zug tren *(m)*
zurück atrás
zurückgeben devolver*
zurückkehren volver*
zusammen juntos
Zweifel duda

Wörterliste Spanisch – Deutsch

A

abajo unten
abeja Biene
abierto geöffnet
abogado Anwalt
abrazar umarmen
abrir* öffnen
abuelo Großvater
aburrido langweilig
acabarse enden
accidente (m) Unfall
aceite (m) Öl
aceptar annehmen
acompañar begleiten
acordarse sich erinnern
acostado: estar a. liegen
acuerdo: de a. einverstanden
adelante vorwärts
además außerdem
adentro drinnen
administración Verwaltung, Behörde
¿adónde? wohin
aduana Zoll
aeromoza Stewardess
aeropuerto Flughafen
afeitar rasieren
afuera außen
agencia: a. de viajes Reisebüro
agradable angenehm
agradecer* danken
agrio sauer
agricultura Landwirtschaft
agua Wasser
aguja Nadel
ahora jetzt
ahorita sofort, gleich
ahorrar sparen
aire (m) Luft
aldea Dorf
alegrarse freuen, sich
alegre fröhlich
alegría Freude
alemán deutsch
algo etwas
algodón (m) Baumwolle, Watte
alguien jemand
algunos einige, ein paar
alimentos (Mz) Lebensmittel
allá da, dort
almohada Kissen
alquilar (ver)mieten
alrededores (m Mz) Umgebung
alto hoch
alumno Schüler
amable freundlich
amar lieben
amargo bitter
ambulancia Rettungswagen
amigo Freund
amistad (w) Freundschaft
ancho breit
andar* gehen
anfitrión (m) Gastgeber
animal (m) Tier
anoche gestern abend
anteayer vorgestern
anteojos (Mz) Brille
antes bevor, vorher
antiguo alt
anual jährlich
año Jahr
apagar ausschalten, löschen
apellido Familienname
aprender lernen
apurarse sich beeilen
aquí hier
árbol (m) Baum
arena Sand
arrendar (ver)mieten
arriba oben
asalto Überfall
aseado sauber
asear reinigen
así so
asiento Sitzplatz
atención Achtung
atrás hinten, zurück
aún noch
auténtico echt
autobús Bus
autoridad Behörde
avenida Allee
avería Panne
avión (m) Flugzeug
avisar benachrichtigen
ayer gestern
ayuda Hilfe
ayudar helfen
azúcar (m o. w) Zucker

B

bailar tanzen
baile Tanz
bajarse aussteigen
balde (m) Eimer
banco Bank
bandeja Tablett

bandera Fahne
bañarse baden
baño Badezimmer
barato billig
barco Schiff, Boot
barrer fegen
barrio Stadtviertel
bastante genug, ziemlich
basura Müll
batería Batterie
bebida Getränk
besar küssen
bicicleta Fahrrad
boca Mund
boda Hochzeit
boleto Fahrkarte
bolsa Tasche, Tüte
bolsillo (Hosen-)Tasche
bonito schön
borracho betrunken
bosque (m) Wald
botella Flasche
brazo Arm
burro Esel
buscar suchen

C

caballo Pferd
cabeza Kopf
cada jeder
caer(se) fallen
caitear wandern
caja Kasse, Kiste
calcular rechnen
calidad Qualität
caliente warm
calle (w) Straße
cama Bett
cámara Fotoapparat
cambiar wechseln, tauschen, ändern
caminar (zu Fuß) gehen
camino Weg
camisa Hemd
campesino Bauer
campo Feld
cancelar bezahlen
canción Lied
candado Vorhängeschloss
candela Kerze
cansado müde
cantar singen
cantidad Menge
cantina Kneipe
cara Gesicht
cárcel (w) Gefängnis
cargar tragen
carne (w) Fleisch
caro teuer
carretera Landstraße
carro Wagen
carta Brief
casa Haus
casarse heiraten
casi fast
castigo Strafe
castillo Schloss
casualidad Zufall
celador Wachmann
celebración Feier
celebrar feiern
celo Eifersucht
cena Abendessen
cenicero Aschenbecher
ceniza Asche
cepillo Bürste
cerca nah
cerrar schließen
cerro Berg
cerveza Bier
chancho Schwein
chaqueta Jacke
chavalo Junge
chavala Mädchen
cheque (m) Scheck
chiste (m) Witz
chófer (m) Fahrer
chompipe (m) Truthahn
ciego blind
cierto wahr
cigarillo Zigarette
cine (m) Kino
cinturón (m) Gürtel
cita Verabredung
ciudad (w) Stadt
ciudadano Staatsbürger
claro hell
clavo Nagel
clóset Schrank
cobija Bettdecke
cocinar kochen
colchón Matratze
colegio Schule
color (m) Farbe
comenzar* anfangen
comer essen
comercio Handel
comida Speise
como, ¿cómo? wie
cómodo gemütlich
complicado kompliziert
comprar kaufen
comprender verstehen
computadora Computer
concierto Konzert
condición Bedingung
condimento Gewürz
condón (m) Kondom
conducir* fahren
conductor Fahrer
conexión Anschluss

confundir verwechseln
conocer* kennen
conseguir* bekommen, erreichen
consejo Rat
consulado Konsulat
contaminación Verschmutzung
contar* zählen, erzählen
contento zufrieden
contestar antworten
contra gegen
contrato Vortrag
controlar kontrollieren
convencer überzeugen
conversación Gespräch, Unterhaltung
convidar einladen
corazón (m) Herz
cordillera Gebirge
correcto richtig
correo: c. electrónico E-Mail; **correos** Postamt
correr laufen, rennen
cortar schneiden
cortés höflich
corto kurz
cosa Sache
costa Küste
costar* kosten (Preis)
crecer wachsen
creer glauben
crimen Verbrechen
cristal Glas (Material)
crudo roh
cruz (w) Kreuz
cruzar überqueren
cuadro Bild
¿cuál? welcher?
cuando als (zeitl.)
¿cuándo? wann
¿cuánto? wie viel
cuarto Zimmer
cuate (m) Freund, Kumpel
cuchara Löffel
cuchillo Messer
cuenta Rechnung, Konto; **darse* c.** bemerken
cuento Geschichte (Erz.)
cuerpo Körper
cuidado Vorsicht
culpable schuldig
cumpleaños (m Ez) Geburtstag
cuota Gebühr
curioso neugierig
curita Heftpflaster

D

daño Schaden
dar* geben
deber sollen
decidir entscheiden
decir* sagen
dedo Finger, Zehe
dejar lassen; **d. de** aufhören
delante vorne
delgado dünn
demasiado zu viel
denuncia Anzeige
departamento Wohnung, Abteilung
deporte (m) Sport
derecha rechts
derecho Recht
desarrollar entwickeln
desarrollo Entwicklung
desayunar frühstücken
desayuno Frühstück
descansar sich erholen
descanso Pause
desconocido unbekannt
descuento Ermäßigung
desde seit
desear wünschen
deseo Wunsch
desempleo Arbeitslosigkeit
desnudo nackt
despacio langsam
despedirse* sich verabschieden
despertar* wecken; **despertarse** aufwachen
después danach
destino Ziel
desvío Umleitung
detrás: d. de hinter
devolver* zurückgeben
día (m) Tag
diario täglich
dibujar zeichnen
diccionario Wörterbuch
diferencia Unterschied
diferente anders
difícil schwierig
dilatar dauern
diligente fleißig
dinero Geld
Dios (m) Gott
dirección Adresse, Richtung
disculparse sich entschuldigen
divertirse* sich vergnügen
doblar abbiegen
doble doppelt
doctor Arzt
documento Dokument
doler* schmerzen
dolor Schmerz

¿dónde? wo;
¿de d.? woher
dormir* schlafen
ducha Dusche
duda Zweifel
dueño Besitzer
dulce süß
dundo dumm
durante während
duro hart

E

edad (Lebens-)Alter
edificio Gebäude
efectivo Bargeld
ejemplo Beispiel
elegir* wählen
elevador Aufzug
embajada Botschaft
embarazada schwanger
empezar* anfangen
enamorar flirten;
enamorarse sich verlieben
encantarse sich freuen
encender* anzünden, einschalten
encima oben(drauf)
encontrar* finden
enfermedad (w) Krankheit
enfermo krank
enfrente gegenüber
engañar betrügen
enojarse sich ärgern
enseñar zeigen
entender* verstehen
entero ganz
entonces dann
entrada Eingang
entrar eintreten
entre zwischen
enviar schicken
equipaje (m) Gepäck
error (m) Fehler
escalera Treppe
escoba Besen
escribir schreiben
escuchar hören
escuela Schule
eso: por e. deshalb
especial besonderer
especie (w) Art
espejo Spiegel
esperar hoffen, warten
estación Bahnhof
estado Staat
estampilla Briefmarke
estar* sein
este (m) Osten
estrella Stern
estilo Stil
estudiante (m) Student
estudiar lernen
evento Ereignis
exacto genau
excelente ausgezeichnet
excursión Ausflug
éxito Erfolg
experiencia Erfahrung
explicar erklären
exposición (w) Ausstellung
exterior Ausland
extranjero Ausländer; ausländisch, fremd

F

fábrica Fabrik
fácil leicht
factura Rechnung
falda Rock
falso falsch
faltar fehlen
familia Familie
famoso berühmt
farmacia Apotheke
favor (m) Gefallen
fecha Datum
felicitar gratulieren
feliz glücklich
feo hässlich
fiebre (w) Fieber
fiesta Fest
fin (m) Ende
firmar unterschreiben
firme fest
flaco dünn
flor (w) Blume
formulario Formular
fósforos (Mz) Streichhölzer
foto (w) Fotografie
frase (w) Satz (sprachl.)
fresco frisch, kühl
frío kalt;
tener* f. frieren
frontera Grenze
fruta Obst
fruto Frucht
fuego Feuer
fuente (w) Quelle
fuerte stark
fumar rauchen

G

gallina Huhn
ganar verdienen
gasolina Benzin
gasolinera Tankstelle
gastar ausgeben

gato Katze
general allgemein
gente (w) Leute
gobierno Regierung
gordo dick
gota Tropfen
grande groß
grasa Fett
gratuito kostenlos
gripe (w) Grippe
gritar rufen, schreien
grupo Gruppe
guaro Schnaps
gustar gefallen
gusto Geschmack;
con g. gern

H

habitación Zimmer
habitante (m) Einwohner
hablar reden
hacer* tun, machen;
hace vor (zeitl.)
hamaca Hängematte
hambre (w) Hunger
harina Mehl
hasta bis
helado Speiseeis
herida Wunde
herido verletzt
hermana Schwester
hermano Bruder;
hermanos Geschwister
herramienta Werkzeug
hielo Eis
higiene (w) Hygiene
hija Tochter
hijo Sohn
hilo Faden
historia Geschichte
hoja Blatt
holgazán faul
hombre (m) Mann, Mensch
hondo tief
hora Stunde
horario Fahrplan
hormiga Ameise
horno Ofen
hospital (m) Krankenhaus
hospitalidad Gastfreundschaft
hotel (m) Hotel
hoy heute
hueso Knochen
huésped (m/w) Gast
huevo Ei
húmedo feucht
humo Rauch

I

idea Idee
idioma (m) Sprache
iglesia Kirche
importación (w) Einfuhr
importante wichtig
incendio Brand
información (w) Auskunft
informarse sich informieren
iniciar anfangen
inicio Anfang
inmediato sofort
inocente unschuldig
insecto Insekt
inteligente klug
intención Absicht
intentar versuchen
interesante interessant
intérprete (m) Dolmetscher
invierno Winter
invitación Einladung
invitar einladen
ir* gehen, fahren;
i. en avión fliegen;
irse* weggehen, abreisen
isla Insel
izquierda links

J

jabón (m) Seife
jalar ziehen
jamás niemals
jefe (m) Chef
jeringa Spritze
joven jung
joyas (Mz) Schmuck
juego Spiel
jugar spielen
juguete (m) Spielzeug
junto zusammen
juventud Jugend

L / LL

labio Lippe
lado Seite (Richtung);
por ningun l. nirgendwo;
por todos lados überall
ladrón (m) Dieb
lago See
lámpara Lampe
lancha Boot
lanzar werfen
lápiz (m) Bleistift
lavabo Waschbecken
lavar waschen
leche (w) Milch
leer lesen

lejos weit
lengua Sprache, Zunge
lento langsam
letra Buchstabe
levantar heben;
levantarse aufstehen
ley (w) Gesetz
libertad Freiheit
libre frei
libro Buch
ligero leicht
limpiar reinigen
limpio sauber
listo fertig
llamada Anruf
llamar rufen, nennen
llave (w) Schlüssel
llegada Ankunft
llegar ankommen
llenar füllen
lleno voll
llevar tragen, wegbringen
llorar weinen
llover* regnen
lluvia Regen, Dusche
loco verrückt
lugar Stelle, Ort;
l. de interés Sehenswürdigkeit
luna Mond
luz (w) Licht

M

madera Holz
madre (w) Mutter
maduro reif
maleta Koffer
malo schlecht
mandar schicken
manejar fahren, lenken
manera Art und Weise;
de otra m. anders
manga Ärmel
mano (w) Hand
mantel (m) Tischdecke
mantequilla Butter
mañana morgen; Morgen
mapa (m) Karte, Landkarte
mar (m) Meer
maravilloso wunderbar
mariposa Schmetterling
más mehr;
m. o menos ungefähr
matar töten
machete (m) Machete
mecate Seil
mecedora Schaukelstuhl
media Strumpf
médico Arzt
medio: m. ambiente (m) Umwelt
mediodía Mittag
mejor besser
mejorar verbessern
mentir* lügen
menú Speisekarte
mercado Markt
mes (m) Monat
mesa Tisch
mezclar mischen
miedo Angst
miel (w) Honig
mientras während
milpa Maisfeld
minuto Minute
mirar anschauen
miseria Elend
mismo selbst
mitad Hälfte
mochila Rucksack
mojado nass
molestar stören
montaña Berg
monumento Denkmal
morir* sterben
mosquito Mücke
mostrar* zeigen
motocicleta Motorrad
mucho viel
muerte (w) Tod
muerto tot
mujer (w) Frau
multa Geldstrafe
mundo Welt
museo Museum
música Musik
muy sehr

N

nacer geboren werden
nacionalidad (w) Staatsangehörigkeit
nada nichts
nadar schwimmen
nadie niemand
nariz (w) Nase
naturaleza Natur
necesario notwendig
necesitar brauchen
nicaragüense nicaraguanisch
niebla Nebel
nieto Enkel
niño Kind
nivel (m) Etage
no nein, nicht
noche (m) Nacht, Abend
nombre (m) Name
normal normal

norte (m) Norden
noticia Nachricht
novio fester Freund
nube (w) Wolke
nuevamente wieder
nuevo neu
número Zahl, Nummer
nunca niemals

O

o oder
objeto Gegenstand, Ding
occidente (m) Westen
ocupar benutzen, besetzen
odontólogo Zahnarzt
oeste (m) Westen
oferta Angebot
oficina Büro, Amt
ofrecer anbieten
ojo Auge;
o. de agua Quelle
ola Welle
olvidar(se) vergessen
oreja Ohr
organizar organisieren
órgano Organ
oriente (m) Osten
orilla Ufer
oro Gold
oscuro dunkel
otro (ein) anderer

P

padre (m) Vater;
padres (Mz) Eltern
pagar bezahlen
página Seite (Buch)
país (m) Land
paisaje (m) Landschaft
pájaro Vogel
palabra Wort
palo Baum
pan (m) Brot
panadería Bäckerei
pantalón (m) Hose
pañal (m) Windel
papel (m) Papier;
p. higiénico Toilettenpapier
paquete (m) Paket
parado: estar p. stehen
paraguas (m Ez) Regenschirm
parar(se) anhalten
parecer scheinen
parecido ähnlich
pareja Paar
parque (m) Park
parquear parken
parqueo Parkplatz
parte (w) Teil;
en ninguna p. nirgendwo;
en todas partes überall
particular privat
partido Partei
pasado: p. mañana übermorgen
pasaje (m) Fahrpreis
pasaporte (m) Reisepass
pasar vorbeigehen, passieren
pasearse spazierengehen
paseo Spaziergang, Ausflug
pasta: p. dental Zahnpasta
pasteles (m, Mz) Gebäck
pastilla Tablette
pato Ente
paz (w) Friede
pedido Bestellung
pedir* bitten, bestellen
pegar schlagen
peine (m) Kamm
pelearse streiten
película Film
peligroso gefährlich
pelo Haar
pelota Ball
pena Strafe
pensar* denken
perder* verlieren;
perderse sich verirren
perezoso faul
periódico Zeitung
periodista (m) Journalist
permiso Erlaubnis
permitir erlauben
pero aber
perro Hund
persona Person
pesado schwer
pescado Fisch (als Speise)
peso Gewicht
pez (m) Fisch
picante scharf (Speise)
pie (m) Fuß;
a p. zu Fuß
piedra Stein
piel (w) Haut, Leder
pieza Stück
pila Batterie
pintar malen
piso Etage, Wohnung
planta Pflanze
plata Silber, Geld
plato Teller
playa Strand
plaza Platz
pobre arm
pobreza Armut
poco wenig;
un p., un poquito ein bisschen

poder* können
podrido verfault
policía Polizei
pollera (weiter) Rock
pomada Salbe
poner* legen, stellen;
ponerse anziehen (Kleid.), werden
porque weil
posible möglich
posición (w) Lage (geogr.)
pozo Brunnen
practicar üben
precio Preis
preferir* bevorzugen
pregunta Frage
preguntar fragen
preparar vorbereiten
prestar (ver)leihen
primavera Frühling
probable wahrscheinlich
probar* probieren;
probarse anprobieren
problema (m) Problem
profesión (w) Beruf
profundo tief
programa (m) Programm
prohibido verboten
prometer versprechen
pronto bald
pronunciación Aussprache
propiedad Eigentum
propietario Besitzer
propina Trinkgeld
proponer* vorschlagen
próximo nächster
prueba Beweis
pueblo Volk
pueblo Dorf
puente (m) Brücke
puerta Tür
puerto Hafen
pulpería (Kram-)Laden
puntual pünktlich
puro Zigarre

Q

que dass, als (Vergl.)
¿qué? was;
¿por q.? warum
quebrar* brechen
quedar übrig sein;
quedarse bleiben
quejarse sich beschweren
quemar brennen
querer* wollen, lieben
queso Käse
¿quién? wer
quitar wegnehmen;
quitarse ausziehen (Kleid.)
quizás vielleicht

R

rabioso wütend
radio (w) Radiogerät
rápido schnell
raro selten
ratero (Taschen-)Dieb
razón (w): tener r. Recht haben
rechazar ablehnen
recibir erhalten
recibo Quittung
recoger sammeln, abholen
recomendar* empfehlen
recto geradeaus
red (w) Netz
redondo rund
regalo Geschenk
registrar registrieren
regreso Rückfahrt
reírse* lachen
reloj (m) Uhr
remitente (m) Absender
remolcar abschleppen
reparar reparieren
repente: de r. plötzlich
repetir* wiederholen
res (m) Rind
reservar buchen
respirar atmen
responder antworten
responsable verantwortlich
respuesta Antwort
restaurante (m) Restaurant
retrasado rückständig
retrasarse sich verspäten
revés: al r. umgekehrt
revista Illustrierte
ribera Ufer
rico reich
río Fluss
robar stehlen
robo Diebstahl, Einbruch
rodilla Knie
romper (zer)brechen
ropa Kleidung
roto kaputt
rueda Rad
rural ländlich

S

sábana Laken
saber* wissen
sabor Geschmack
sabroso schmackhaft
sacar herausziehen

saco: s. de dormir Schlafsack
sal (w) Salz
salida Ausgang, Abfahrt
salir* weggehen, abfahren
salud Gesundheit
saludar begrüßen
saludar grüßen
salvar sparen
sangre (w) Blut
sano gesund
satisfecho satt
seco trocken
sed (w) Durst
seguir* folgen
segundo Sekunde
seguro sicher, Versicherung
selva Dschungel
semana Woche
sentado: estar s. sitzen
señal (w) Zeichen
señor Herr
señora Dame, Frau
sentarse* sich setzen
sentimiento Gefühl
sentir* fühlen
ser* sein
servicio Dienst
servilleta Serviette
si ob
sí ja
siempre immer
siguiente nächster, folgender
silencio Ruhe
silla Stuhl
simple einfach
sin ohne
sino sondern
sobre (m) Briefumschlag
sociedad Gesellschaft
sol (m) Sonne
sólido fest
solo allein
sólo nur, erst
soltero ledig
sombra Schatten
sombrero Hut
sonreír* lächeln
sopa Suppe
sorpresa Überraschung
sostener (fest)halten
subir einsteigen
sucio schmutzig
sudar schwitzen
sueldo Lohn, Gehalt
suelo Boden
sueño Schlaf, Traum
suerte (w) Glück
suficiente genug
supuesto: por s. selbstverständlich
sur (m) Süden

T

tabaco Tabak
tal solcher;
t. vez vielleicht
taller Werkstatt
también auch
tan so (mit Adj.)
tanto soviel
tarde (w) Abend, Nachmittag
tardar dauern
tarde spät
tarifa Fahrpreis
tarjeta Karte
taza Tasse
taxi (m) Taxi
teatro Theater
techo Dach
tela Stoff
teléfono Telefon
televisión Fernsehen
temer sich fürchten
temor Angst
temprano früh
tenedor Gabel
tener* haben;
t. que müssen
terminar aufhören, beenden
tía Tante
tiempo Zeit, Wetter
tienda Geschäft, Zelt
tierra Erde
tijera Schere
tirar schießen
tío Onkel
típico typisch
toalla Handtuch;
t. sanitaria Damenbinde
tocar berühren, spielen (Instrument)
todavía noch
todo alles, ganz
tomar nehmen, trinken;
t. una foto fotografieren
tormenta: t. eléctrica Gewitter
trabajador Arbeiter, fleißig
trabajar arbeiten
trabajo Arbeit
tradición (w) Tradition
traducir* übersetzen
traductor Übersetzer
traje (m) Anzug;
t. de baño Badeanzug
transferencia Überweisung
tránsito Verkehr
tratar behandeln (Krankh.)
tren (m) Zug

triste traurig
trópicos (Mz) Tropen

U

último letzter
único einziger
universidad Universität
uno: u. al otro einander
uña (Finger-)Nagel
urbano städtisch
urgente dringend
usar benutzen

V

vacaciones (Mz) Ferien, Urlaub
vacío leer
vacunar impfen
válido gültig
valle (m) Tal
vario verschieden
vaso (Trink-)Glas
vecino Nachbar
vender verkaufen
veneno Gift
venir* kommen
ventana Fenster
ver* sehen;
 a v. mal sehen
verano Sommer
verdad Wahrheit
verduras (Mz) Gemüse
vestido Kleid
vez (w) Mal;
 en v. de anstatt
 otra v. noch einmal
 a veces manchmal;
 muchas veces oft
viajar reisen
viaje (m) Reise
víbora Giftschlange
vida Leben
viejo alt
viento Wind
vinagre (m) Essig
vino Wein
visita Besuch
visitar besuchen
vivir leben, wohnen
volar* fliegen
volver* zurückkehren;
 volverse werden
voz Stimme;
 con v. alta laut
vuelo Flug

Y / Z

y und
ya schon
zancudo Mücke
zapato Schuh

Die Autorin

Veronika Schmidt, Jahrgang 1948, studierte Romanistik und Publizistik in Deutschland und Spanien. Danach trampte sie für einige Monate durch Lateinamerika und entdeckte ihre Liebe zu diesem Kontinent. Als literarische Übersetzerin, Herausgeberin und Autorin hat sie einige Bücher über das spanischsprachige Amerika publiziert. Nach einem zweijährigen Aufenthalt in Honduras lebt sie zur Zeit in Nicaragua und studiert hier Land und Leute.